Peter Hertel

Schleichende Übernahme

Josemaría Escrivá, sein Opus Dei und die Macht im Vatikan

IMPRESSUM

Peter Hertel
Schleichende Übernahme
Layout und Umschlaggestaltung: Andreas Klinkert
Titelillustration unter Verwendung eines Fotos von: dpa/epa/efe
Satz: Sabine Felbinger
Druck: Druckhaus Bayreuth
Auflage: 2 3 4 5
Jahr: 2002 2003 2004 2005

Postfach 2010
61410 Oberursel
ISBN: 3-88095-119-5

PETER HERTEL

Schleichende Übernahme

Josemaría Escrivá, sein Opus Dei und die Macht im Vatikan

Inhalt

Anhang

Kästen:

Lautlose Panzer

Eine Herausforderung

»Wissen Sie, wir von CL sind die Guerilla, die Freischärler, die Steine werfen. Wir leisten unseren Teil, indem wir mitunter Radau veranstalten. Aber sie, die Leute vom Opus Dei, sie haben die Panzer. Sie gehen mit ihren Panzern voran, auch wenn sie die Raupenketten mit Gummireifen verkleidet haben. Sie machen keinen Lärm, aber sie sind da, und wie! Und das werden wir immer besser merken, Sie werden sehen.«[1]

Luigi Giussani, Gründer und Leiter von Comunione e Liberazione (CL)

»Sie haben die Panzer.« Luigi Giussani, der CL-Leiter aus Mailand, muss es wissen. Opus Dei (Werk Gottes) und Comunione e Liberazione (Gemeinschaft und Befreiung) sind die beiden reichsten und stärksten jener Organisationen, die der römischen Restauration dienen. Seine Erkenntnis vertraute der CL-Chef dem italienischen Journalisten Vittorio Messori an. Es war der Tag, an dem er den Leiter des Opus Dei in Rom, den inzwischen verstorbenen Bischof Alvaro del Portillo, besucht hatte.

Aus Giussanis Worten strömen Anerkennung und Lob für die Personalprälatur Opus Dei hervor. Auch Messori applaudiert ihr in seinem Buch »Opus Dei. Un'indagine«,[2] in dem er 1994 die Anekdote über Giussani und Portillo weitergab. Er ist ein guter Bekannter des Opus-Dei-Mitglieds Joaquín Navarro Valls, des päpstlichen Pressesprechers. Navarro Valls hat dafür gesorgt, dass Messori, kurz nach Veröffentlichung seines Pro-Opus-Dei-Buches, dem Papst die Fragen für das Interview-Buch »Vacare la Soglia della Speranza« stellen durfte. Vatikankenner vermuten, dass dieses Papst-Buch eine Idee des Opus Dei gewesen sei, um mit einem internationalen Bestseller die Finanzen des Vatikans aufzubessern. Auch aus Deutschland kam Hilfeleistung[3].

Opus Dei und CL pflegen militärische Einstellungen. Schon 1972, sechs Jahre nach Beendigung des Zweiten Vatikanums, hatte der Priester Josemaría Escrivá de Balaguer y Albás, der spanische Gründer des Opus Dei, seine »Soldaten Christi«[4] ermahnt: »Die ganze Schlachtreihe ist bedroht. Lasst nicht zu, dass eine Bresche geschlagen wird.«[5] Sein Ziel war es, die katholische Kirche, die anscheinend ein »Leichnam in stinkender Verwesung«[7] geworden sei, zu retten. Für seinen Nachfolger, den 1994 verstorbenen Alvaro del Portillo, war das Opus Dei die »Generalmobilmachung« der Laien.[8] Der heutige Leiter, Javier Echevarría Rodríguez, rief die »Kampftruppe mit straffster Disziplin«[9] auf, eine »neue Maginot-Linie«[10] gegen »hedonistisches« Konsumdenken, Sexualisierung und allgemeinen Sittenverfall zu errichten.

Opus Dei – kurz gefasst

Der offizielle Name des Opus Dei lautet: Sancta Crux et Opus Dei (= Heiliges Kreuz und Werk Gottes bzw. Gottes Werk). Sitz ist Rom. Seine kirchliche Rechtsform ist seit 1982 die Personalprälatur (von 1950 bis 1982 Säkularinstitut).

Gegründet wurde die Organisation vom spanischen Priester Josemaría Escrivá de Balaguer y Albás, geb. am 9.1.1902 in Barbastro (Spanien), 1925 Priester, gest. am 26.6.1975 in Rom; 1992 selig gesprochen, am 6.10.2002 heilig.

2.10.1928 Männerabteilung, 14.2.1930 Frauenabteilung, 11.10.1943 Priestergruppe in der Männerabteilung.

Leiter war bis 1982 der Generalpräsident, der vom Vatikan zum »Prälaten des Opus Dei« und 1991 in den Bischofsrang erhoben wurde: bis 1975 Josemaría Escrivá, 1975 bis 1994 Alvaro del Portillo, seit 1994 Javier Echevarría Rodríguez. Leiter einer Region bzw. eines Landes ist der »Regionalvikar«.

Laut dem Annuario Pontificio, dem Päpstlichen Jahrbuch, für 2001[6] hat das Opus Dei 84 519 Mitglieder; darunter sind 2155 Kleriker (1800 davon Priester).

Das Opus Dei ist in 60 Staaten als katholische Personalprälatur errichtet und hat weltweit 1684 Kirchen und pastorale Zentren sowie zwei Assoziationen: Priestergesellschaft vom Heiligen Kreuz und Mitarbeitervereinigung.

Christinnen und Christen, die sich dem Evangelium und der menschenfreundlichen Kirche des Zweiten Vatikanischen Konzils verpflichtet wissen, werden über solche militärischen Feindbilder womöglich erschrecken. Ist auch in der katholischen Kirche die Zeit der Glaubenskrieger angebrochen? Papst Johannes XXIII. und das Konzil wollten das »Aggiornamento«, die kritische, aber liebevolle Zuwendung zur Welt – auch zu Andersdenkenden. Und nun stelle man sich vor: ein Verteidigungswall, der gegen die »böse Welt« errichtet wird. Ungetüme aus Stahl, die niederwalzen, was sich ihnen in den Weg stellt; die so leise und schleichend heranrücken, dass man sie erst wahrnimmt, wenn sie da sind und ihre Feuerrohre längst auf diejenigen, die sie als Feinde ansehen, gerichtet haben.

Zutreffende Visionen für die Kirche des dritten Jahrtausends? Immerhin ist der Gründer des Opus Dei ja selig gesprochen worden, und nun wird er der Kirche gar ein heiliges Vorbild. Er sei ein Wegbereiter des Zweiten Vatikanischen Konzils gewesen, wird begründet; denn er habe neu entdeckt, dass alle Menschen im Alltag heilig werden könnten. Aber andererseits: Seine Selig- und Heiligsprechung wurde eilends, auch mit irregulären Eingriffen vorangetrieben. Sein Opus Dei erscheint heute als Lehrbuchausgabe einer »romanisierten« und militärisch ausgerichteten katholischen Kirche. Als sich beispielsweise 1989 der damalige Prälat del Portillo in Genf aufhielt, teilte er als Herzenswunsch mit: Sein eidgenössischer Trupp solle »einen Kreuzzug der Romanität« führen.[11]

Heute tritt der unaufhaltsame Aufstieg des »Werkes Gottes« deutlicher vor Augen als in den achtziger Jahren des vergangenen Jahrhunderts. Damals hatte ich ein Buch über geistlichen Anspruch, gesellschaftliche Ziele und kirchliche Bedeutung des Opus Dei[12] geschrieben. In einer zweiten Veröffentlichung habe ich 1995 einen Einblick in seine gut gehüteten Geheimnisse gegeben und die wichtigsten derzeit gültigen internen Dokumente im Wortlaut veröffentlicht.[13] Teilweise waren (und sind) sie selbst Mitgliedern unbekannt. Meine dritte Publikation will die beiden Bücher nicht ersetzen, sondern sie baut weitgehend auf deren Dokumenten und Analysen auf. Ein Ziel ist es, den rasanten Machtzuwachs des Opus Dei in den vergangenen zehn Jahren aufzuzeigen: die weltweite Ausbreitung des

»Werkes«; die Kapitalansammlung, die seine Macht im Vatikan stärkt; die Besetzung kirchlicher Schaltstellen. Damit verbinden sich im Opus Dei der Einsatz für den »wahren Glauben« und Misstrauen gegen nichtkatholische Christen.

Ziel ist es aber auch zu prüfen, ob die Gemeinschaft, wie sie behauptet, heute bereiter ist als früher, ihre Geheimnisse zu lüften und von Mitgliedern gegründete Organisationen zu benennen, und ob sie tatsächlich ihren Alleinvertretungsanspruch auf die Wahrheit aufgegeben hat.

Seit Papst Johannes Paul II. im Dezember 2001 die Heiligsprechung Escrivás in Aussicht gestellt hat, nehmen kritische Positionen gegenüber dem Geehrten und dem Opus Dei ab. Ein herausragendes Beispiel bot Anfang 2002 der Basler Bischof Kurt Koch, der – laut Zürcher *Tages-Anzeiger* – »1995 monatelang warten musste, bis Rom seinem progressiven Ruf zum Trotz seine Wahl zum Bischof durch das Domkapitel bestätigte« und der jetzt, nachdem er sich auf das Opus Dei eingelassen habe, »mit seiner nach rechts revidierten Theologie selber alle Chancen« hat, »eines Tages Kardinal zu werden«.[14] Koch war nämlich bislang als scharfer Kritiker des Opus Dei bekannt. Doch in einer Publikation, herausgebracht vom Opus Dei zum 100. Geburtstag seines Gründers,[15] drehte er sich um 180 Grad: Escrivá habe »seine Gründung ›Opus Dei‹ und gerade nicht ›Opus nostrum‹ [unser Werk]« genannt, weil »er gerade nicht für sich ein Monument bauen, sondern Raum dafür geben« wollte, »dass Gott sein Werk schaffen kann, nämlich das Werk der Heiligkeit«.[16] Der neue Heilige sei »ein leuchtender Stern für die Kirche auf ihrem Weg im dritten Jahrtausend«.[17] Der Basler Bischof wird derzeit vom Opus Dei international als Beweis vorgezeigt, dass selbst ehemalige »progressive« Kritiker neuerdings erkennen würden, ihre alten Vorwürfe seien unhaltbar, weil sich das Opus Dei seit den achtziger Jahren gewandelt habe.

Als er noch Theologieprofessor in Luzern war, hatte Koch dem Vatikan eine »universalkirchliche Instrumentalisierung von Opus Dei« vorgehalten: Es werde als Werkzeug »zur Disziplinierung der Ortskirchen und ihrer Bischöfe verstanden und eingesetzt«. Der Name »Werk Gottes« stelle eine »ekklesiologische Arroganz dar. Da der katholische Glaube bekennt, dass die Kirche als Ganzes ein großartiges ›Werk Gottes‹ ist, ist prinzipiell nicht einzusehen, wie ein einzelnes Werk innerhalb der Kirche diese Ehrenbezeichnung für sich allein reklamieren kann.«[18]

Kochs Worte stammen aus einem Buch über das Opus Dei aus dem Jahre 1992, an dem auch ich mitgewirkt habe.[19] 1993 hatte er ergänzt: »Mit seinem forcierten Bemühen um die Wahrung und Sicherung der Identität und Integrität des katholischen Glaubens tendiert das Opus Dei allerdings zu einer integralistischen Umklammerung, wenn nicht gar zu einer ›Christianisierung‹ der Gesellschaft, wie Peter Hertel hellsichtig konstatiert ... Es ist genau diese integralistische Exklusivität des Opus Dei, mit der um die Aufrechterhaltung des Primates der katholischen Kirche in der heutigen Gesellschaft gekämpft wird ... «[20]

Ein Jahr später warf ihm der Opus-Dei-Priester Martin Rhonheimer vor, er berufe sich hier »vor allem«[21] auf mich. Doch meine Informationen hätten eine »zweifelhafte Herkunft«. Als Nachweis führte Rhonheimer einen Aufsatz des Opus-Dei-Mitglieds Hans Thomas[22] an. Darin hatte mich Thomas, ein führender Vertreter des deutschen Opus Dei, mit einem »Quellenkarussell zwischen Moskau und Chile« in Verbindung gebracht. Es habe bis »unmittelbar nach der Wende« bestanden, »als die östlichen Geldhähne versiegten«. Um meine Einbindung in das »Quellenkarussell« zu belegen, hatte er mir Aussagen unterschoben, die nicht von mir stammten. Der Leser jedoch musste denken, Thomas gebe mich sogar wörtlich wieder: Eine meiner angeblichen Behauptungen setzte er in Gänsefüßchen – als hätte er mich wörtlich zitiert.[23] Die Versuche, mich als nützlichen Idioten oder gar Spitzel der Kommunisten hinzustellen und auf diese Weise meine Kritik am Opus Dei zu erledigen, hatten schon zwei Jahre nach der Wende begonnen:

Als ich im Dezember 1991 in der Katholischen Akademie Freiburg i. Br. einen Vortrag über das Opus Dei zu halten hatte, konfrontierte mich Professor Ulrich Kluge (Freiburg/Dresden) mit der Frage, ob ich mit Behörden der ehemaligen DDR zusammengearbeitet hätte. Denn in deren Akten fänden sich Aussagen von mir über das Opus Dei. Als ich verneinte, sagte er, die Staatssicherheit der ehemaligen DDR habe Aufzeichnungen über mich gemacht. Er fragte, ob ich die Stasi über meine Opus-Dei-Recherchen informiert hätte. Auch das habe ich mit Empörung zurückgewiesen. Kluge stand, wie ich erst Monate später erfuhr, auf einer Sympathisanten-Liste des deutschen Opus Dei und hatte außerdem gute persönliche Kontakte zu Klaus Küng, dem Opus-Dei-Bischof im österreichischen Feldkirch, dem »guten Küng«,[24] wie ihn Papst Johannes Paul II. nach verlässlichen Informationen zu nennen pflegt.

Bei einer Anfrage in der Gauck-Behörde stellte sich zu meiner Überraschung heraus, dass in ihrer Dresdner Filiale eine Stasi-Akte über mich liegt. Kurz nachdem ich in den sechziger Jahren bei einer Zeitung als Redakteur begonnen hatte, hat die Stasi – wie ich seit der Information durch die Gauck-Behörde weiß – versucht, mich als Spitzel zu gewinnen und zunächst »in der BRD« eine »operative Fahndung« (so die Stasi-Akte wörtlich) nach mir eingeleitet; drei Jahre später jedoch hat sie – das ergibt sich ebenfalls aus der Akte – den Versuch als aussichtslos eingestellt und sie abgelegt. In den siebziger Jahren hat sie dann im Berliner Zentralarchiv erneut Informationen über meine journalistische Arbeit gesammelt. Aber auch hier wurde nichts über das Opus Dei verzeichnet. Offen ist für mich die Frage geblieben, woher Kluge bzw. das Umfeld des Opus Dei – im Gegensatz zur mir – anscheinend wussten, dass ich von der Stasi überwacht worden bin.

Im Mai 1992 hatte ich dann in Zürich eine Reihe von geheim gehaltenen Schriften des Opus Dei veröffentlicht. Das schweizerische Opus Dei bestritt deren Echtheit nicht, sondern behauptete, sie seien überhaupt nicht geheim: »Dies zeigt sich schon daran, wie leicht Hertels Spitzel an sie herangekommen sind.«[25] Mit dieser Aussage unterstellte mir die Organisation öffentlich, ich würde Spitzel sogar in ihren Häusern arbeiten lassen. Eine Absurdität, die allenfalls zeigt, was Hausbewohner des Opus Dei von Mitbewohnern halten.

Im August 1992 behauptete Kluge in der erzkonservativen *Deutschen Tagespost*, deren damaliger Chefkorrespondent Jürgen Liminski dem Opus Dei angehört, meine Aussagen über das Opus Dei würden »in Stil und Argumentation an Dossiers über die katholische Kirche in den Akten der ehemaligen DDR-Behörden« erinnern.[26] Ich habe ihn um Fundstellen für seine Behauptung gebeten. Vergebens. Mit der Beantwortung meiner Fragen beauftragte er einen Anwalt. Der schrieb mir, Kluge habe mich nicht nach Stasi-Kontakten gefragt, sondern es sei um Akten des DDR-Staatssekretariates für Kirchenfragen gegangen. Das war kein bedeutsamer Unterschied, und außerdem hatte Kluge nach meiner Erinnerung den Begriff »Stasi« gebraucht.

Nachdem mich Thomas dann 1993 mit seinem »Quellenkarussell zwischen Moskau und Chile« in Verbindung gebracht hatte, stellte er im Mai 1995 einen Zusammenhang[27] zwischen der »Stasi-Analyse ›Papst-Vatikan‹« und einem Live-Gespräch her, das ich 1984 dem WDR gegeben hatte. Darin hatte ich – auf Nachfrage des Moderators – einige öffentlich erhobene Vorwürfe gegen das Opus Dei referiert, darunter auch, dass man ihm vorhalte, es kämpfe gegen den Kommunismus. Diese kurze Passage aus meinem langen Bericht griff Thomas heraus. In der DDR, so schrieb er, seien »praktizierende Christen« von der Stasi »bespitzelt« worden; »auch bei uns« gebe es Leute, »die mit journalistischem Sendungsbewusstsein – als selbst berufene Repräsentanten der Öffentlichkeit – Mitbürger beruflich zu diskreditieren suchen, indem sie deren kirchliche Bindung verunglimpfen und als angeblich bedrohlich denunzieren« würden. Meine »Informationen über das Opus Dei« seien eine »Komplottlyrik«, die sich aus »wahren, halbwahren und unwahren Geschichten sowie gestohlenen Dokumenten« nähre. Dann brachte er mich mit einer Stasi-Akte, die aus dem »gleichen Jahr 1984« wie mein Live-Bericht stamme, in Verbindung. Die Stasi-Akte zeige ebenfalls »Verwandtschaft mit der literarischen Gattung Komplottlyrik«. Fakten für Verbindungen zwischen meinem Bericht und der Akte nannte er indes nicht. Es gibt nämlich keine. Denn in Wirklichkeit wird in der Stasi-Analyse »Papst-Vatikan« kein einziger meiner zahlreichen Berichte und keine meiner Rundfunksendungen über das Opus Dei erwähnt.

Diese Versuche, meine Informationen kommunistischer Herkunft und Bezahlung zu bezichtigen und so meiner Glaubwürdigkeit zu schaden, fielen mir wieder ein, als ich Kochs Aufsatz im Opus-Dei-Buch las: Den »Quellenkarussell«-Aufsatz von Thomas nutzt – wie damals Rhonheimer – nun auch er,[28] und zwar als einzigen Beleg für sein Anliegen, Escrivá vor »der Überfülle von – unwissenden oder beabsichtigten – Missdeutungen seiner Person und seines Werkes«[29] in Schutz nehmen zu sollen. Vor diesem Hintergrund verteidigt er die »Wende«, die er »in der Tat« vollzogen habe: Bei seiner früheren Kritik am Opus Dei habe er sich »von den von Journalisten und Theologen veröffentlichten Meinungen (ver-)leiten lassen«.[30]

In seinem Artikel hat Kurt Koch aber auch über das christliche Bemühen um »ein heiligmäßiges Leben mitten in den irdischen Wirklichkeiten«[31] geschrieben. Vieles davon ist zu unterstreichen. Die meisten Christinnen und Christen dürften es zu Recht positiv aufnehmen. Doch seine frühere kirchenpolitische Kritik gegenüber dem Hl. Stuhl und an der Überheblichkeit des Opus Dei ließ er völlig unter den Tisch fallen.[32]

Im Gegensatz zum Bischof von Basel sehe ich keinen Grund, meine Position von damals aufzugeben. Ich habe sie nicht aus zweifelhaften kommunistischen Quellen, sondern aus der Beschäftigung mit dem geheimen Regelwerk der Prälatur gewonnen, das ich – gegen den Willen des Opus Dei – erhalten konnte. Doch das scheint Thomas und Rhonheimer nicht genehm zu sein, weil sie mich damit nicht in die Nähe der Kommunisten rücken und nicht als Kirchenfeind verketzern können. Sondern sie müssten sich mit meiner differenzierten Kritik auseinander setzen, die ich zum Beispiel in dem Buch von 1992 so vorgetragen habe:

»Die Christen sollen wie Jesus in Nazareth in ganz gewöhnlichen Berufen ihre Arbeit und ihren Alltag heiligen. Im ersten Moment ist dieser religiöse Ansatz begrüßenswert. Schon immer haben sich Laien um die Alltagsheiligung bemüht. Gerade in den Jahrzehnten, bevor der spanische Priester Josemaría Escrivá de Balaguer y Albás das Opus Dei gründete, war der Gedanke an Nazareth, das verborgene und alltägliche Leben Jesu, neu belebt worden. Insofern war der spirituelle Ansatz des Opus-Dei-Gründers Escrivá in eine breite Strömung zeitgemäßer Weltfrömmigkeit eingebettet. Es ist anzuerkennen, dass das Opus Dei akzentuierte, was auch das Zweite Vatikanum herausgestellt hat: die Berufung des Laien.

Deshalb ist es unberechtigt, das Opus Dei einfach als einen Skandal abzutun. Für alle, die an einem lebendigen Glauben in einer lebendigen Kirche interessiert sind, ist das Werk Escrivás eine Herausforderung. Vor allem die kritische Auseinandersetzung mit dem Werk ermöglicht es, die Ziele und Merkmale zu erkennen, die für eine zukunftsfähige Kirche wichtig sind.

Die Opus-Mitglieder wollen ihre religiöse Überzeugung im Verborgenen leben. Ohne Zweifel haben sie das Recht dazu. Aber was für das einzelne Mitglied gilt, kann nicht für die gesamte Organisation gelten. Denn das Opus Dei ist insgesamt – wie sein Leiter Alvaro del Portillo dem Vatikan in einem Geheimschreiben mitteilte – ›ein mobiles Corps‹, eine kirchenpolitisch und gesellschaftspolitisch ambitionierte Institution, die deshalb auf Strukturen, auf Einfluss und Ziele zu befragen ist.«[33]

Vor dem Glanzbild im Wechselrahmen ist mein neues Buch ein Versuch, trotz Würdigung des »sympathischen Ansatzes des Werkes«[34] auch nach einer Kanonisierung Escrivás meine Bedenken nicht kurzerhand der »Ehre der Altäre« zu opfern. Ich möchte der Leisetreterei wehren, die wachsende Gefahr für ein ungekrümmtes Christsein aufzeigen und so einen Beitrag leisten, die Herausforderung bestehen zu können.

Peter Hertel

1. KAPITEL

Schaltpult im Vatikan

Das selbst ernannte »Werk Gottes« musste 16 Jahre lang warten, bis der oberste römische Glaubenswächter einer irrgläubigen Überzeugung abschwor. Er müsse die Macht des Opus Dei einschränken, hatte Joseph Kardinal Ratzinger gedacht und 1982 mit dazu beigetragen, dass das damalige Säkularinstitut keine Personal*diözese* wurde, sondern nur eine Personal*prälatur*. Aber am 31. Januar 1998 kehrte die Graue Eminenz eines künftigen Konklaves, in dem die Kardinäle zur Papstwahl zusammenkommen, bußfertig um und wurde zu einem aktiven Sympathisanten. Mit dem römischen Opus-Dei-Chef, Bischof Javier Echevarría Rodríguez, unter den Klängen von Bach, Händel und Vivaldi begab sich der Glaubenspräfekt, umkränzt von einem farbenprächtigen Festzug der Dozenten, in die Aula Magna der Opus-Dei-Universität im spanischen Pamplona. Dort erhielt er die Ehrendoktorwürde und wurde in die vornehmlich ältere Dozentenschar aufgenommen, zu deren Auszug der akademische Hymnus erklang: »Gaudeamus igitur, iuvenes dum sumus – Lasst uns froh sein, solange wir Jünglinge sind.«

1989 war schon der französische Kurienkardinal Roger Etchegaray in Pamplona ausgezeichnet worden und 1994 der deutsche Dogmatiker Leo Scheffczyk (82), den Papst Johannes Paul II. im Januar 2001 zum Kardinal erhoben hat (vollständige Liste der Ehrendoktoren im Anhang 1, S. 130).

Für das nicht nur religiöse, sondern auch auf eitel weltliche Reichtümer bedachte Werk gehören Doktorhüte zu einer durchdachten Strategie. Escrivá habe 1966 – nach einem Zeugnis der ehemaligen spanischen Opus-Dei-Leiterin María Angustias Moreno – seiner Führungs-Crew anvertraut, mit Karrieren, Doktortiteln und Ordenslametta, die »ohne Prüfungen« erhältlich seien, könne das Werk »viele Menschen zu unserem Apostolat locken«.[35] Es suche Führungspositionen zu besetzen, um Einfluss in Gesellschaft und Kirche erringen zu können.

Die Kardinäle, die Kurfürsten des katholischen Souveräns, hat es seit Ende des Zweiten Vatikanischen Konzils (1962-1965) im Visier, seitdem es die Kirche durch »Irrlehren, Theologenaufsässigkeit, allgemeinen Disziplinverfall, Priesterflucht und Liturgiewillkür«[36] bedroht sieht. Vor diesem Hintergrund, schrieb das (inzwischen verstorbene) Opus-Dei-Mitglied Peter Berglar, habe der Gründer 1970 vor dem Generalrat gestanden: »Ich leide sehr, meine Kinder. Wir durchleben eine Zeit des Irrtums ... Millionen Seelen fühlen sich verwirrt.«[37]

Im Einschreiten gegen den vermeintlichen Irrtum und für eine rechtgläubige Kirche wurde jeder Kirchenmann, der wichtig war oder es werden konnte, ins Zentrum der römischen Opus-Dei-Priester eingeladen.[38] Schon 1970 kam zum ersten Mal Kardinal Karol Wojtyla aus Krakau, der spätere Papst Johannes Paul II. Während seines Pontifikats ist das Opus Dei zur mächtigsten kirchlichen Vereinigung aufgestiegen.

1999 outete sich in der päpstlichen Opus-Dei-Universität vom Heiligen Kreuz (Pontificia Università della Santa Croce) ein Verbündeter, der manchen als Geheimtipp für die Papst-Nachfolge gilt: Kardinal Donigi Tettamanzi aus Genua präsentierte – in Anwesenheit des Autors Andrés Vázquez – eine Biografie Escrivás, den er wie seine Gründung als »Vorbild« für das dritte Jahrtausend hochstilisierte. Die Universität, die gleichzeitig das Priesterseminar des Opus Dei ist, lädt auch unbekanntere Kirchenmänner ein, beispielsweise Kurienbischof Jorge María Mejìa, einen Freund Ratzingers, der dann beim folgenden Konsistorium, im Januar 2001, zum Kardinal erhoben wurde.

Auch der Wiener Weihbischof Christoph Schönborn wurde in einem akademischem Gremium der Opus-Dei-Priester, im deutschsprachigen *Internationalen Priesterkreis*, gemustert, bevor er Erzbischof wurde und dann in das kardinale Oberhaus aufrückte.

Die Priester-Institutionen des Opus Dei schaffen nicht nur Kontakte zu kirchlichen Würdenträgern, sondern checken offenbar auch zukünftige auf ihre Rechtgläubigkeit. Besteht ein Nachwuchs-Kandidat den Test, dann wird er – wie es Vladimir Felzmann, ehemaliger Opus-

Dei-Priester und Mitarbeiter Escrivás weiß – als vertrauenswürdig eingestuft.[39] Weitere Einladungen ins Opus Dei, vor allem bei Bischof Javier Echevarría in der römischen Zentrale »Villa Tevere«, vermögen seinen Aufstieg auf der kirchlichen Karriereleiter zu fördern. Manche Kardinäle und Bischöfe, in deren Diözesen das Opus Dei arbeitet, besuchen Echevarría auch dann, wenn sie zum Papst oder in die Kurie nach Rom kommen.

Weiter: Auf seinen Pastoralreisen quer durch die Welt trifft Echevarría mit zahlreichen amtierenden und zukünftigen Eminenzen zusammen, die er in teilweise intensiven Gesprächen kennen lernt. Und: In den achtziger Jahren schwärmten zahlreiche Opus-Dei-Priester aus, um Kardinäle und Bischöfe, von denen einige inzwischen Kardinäle sind, zur Unterschrift für die Seligsprechung ihres Gründers zu bewegen. Längst nicht alle stimmten zu. Da schied sich für das Opus Dei die Spreu vom Weizen.

Opus Dei und die Papstwähler

Von außen her ist es kaum möglich, das reale Bild von Verbindungen und Beziehungen katholischer Wahl-Männer mit dem Opus Dei zu erstellen. Gleichwohl gibt es Mosaiksteine, aus denen sich die Bildstruktur skizzieren lässt. Nachstehend nur diejenigen Purpurträger,

Geheimpriester

Die Priester und Bischöfe, die zur Personalprälatur Opus Dei gehören, sind in der Regel bekannt, weil sie öffentlich als Opus-Dei-Mitglieder zu Priestern geweiht worden sind. Sie bilden die Führungsgruppe der »Priestergesellschaft vom Heiligen Kreuz«, die dem Leiter des Opus Dei, einem Bischof, untersteht. Doch zur Priestergesellschaft gehören auch Diözesanpriester, Bischöfe und womöglich Kardinäle, die formal keine Mitglieder des Opus Dei sind, aber nach seinen Normen leben und dem Leiter des Opus Dei als ihrem Generaloberen gehorchen. Nach Angaben des deutschen Opus Dei beträgt ihre Zahl weltweit 2000. Ihre Namen werden in der Regel geheim gehalten. Sie müssen nicht einmal ihren Bischof bzw. Erzbischof über ihre Option unterrichten.

die noch nicht 80 Jahre alt sind und somit derzeit den nächsten Papst wählen dürften.

Zur *ersten Gruppe* der Papstwähler aus dem Opus Dei: Juan Luis Cipriani Thorne (57), Erzbischof von Lima und Kardinal seit Januar 2001, ist Priester der Personalprälatur und gehört deshalb auch seiner »Priestergesellschaft vom Hl. Kreuz« an. Das Päpstliche Jahrbuch kennzeichnet ihn als Mitglied der Prälatur.[40] Geheim bleiben dagegen Mitglieder der Priestergesellschaft, unter denen es womöglich Kardinäle gibt. Auch sie bindet »blinder«[41] Gehorsam an ihren Generaloberen Echevarría. Gelegentlich werden die Namen solcher Oberhirten im halbjährlichen Opus-Dei-Bulletin »Romana«[42] bekannt gegeben. Aber erst nach ihrem Tode. Cipriani mag deshalb nicht der erste und einzige Kardinal des Opus Dei im nächsten Konklave sein. Bereits 1978 könnten die Kardinäle Silvio Oddi und Pietro Palazzini unerkannt als Mitglieder der Priestergesellschaft des Opus Dei dabei gewesen sein.[43]

Einer *zweiten Gruppe,* nämlich Freunden des Opus Dei, sind 20 Kardinäle zuzuordnen. Sie tragen unter anderem Titel des Opus Dei, sind *in einer gewissen Regelmäßigkeit* auf Veranstaltungen der Organisation zu sehen, dienen ihr werbend, publizistisch und/oder finanziell, halten Gottesdienste für Mitglieder sowie zur Ehrung des seligen Josemaría. Unter ihnen könnten am ehesten Mitglieder der Priestergesellschaft zu finden sein:

Francisco Alvarez Martínez (76), Toledo; Giacomo Biffi (73), Bologna; Ricardo Maria Carles Gordó (75), Barcelona; Dario M. Castrillón Hoyos (72), Vatikan; Johannes Joachim Degenhardt (76), Paderborn; Andrzej Maria Deskur (77), Vatikan; Roger Etchegaray (79), Vatikan; Antonio José González Zumárraga (77), Quito; Nicolás de Jesús López Rodríguez (65), Santo Domingo; Alfonso López Trujillo (66), Vatikan; Eduardo Martínez Somalo (74), Vatikan; Joachim Meisner (68), Köln; Lucas Moreira Neves (76) OP, Vatikan; Maurice Michael Otunga (79), Nairobi; Paul Poupard (71), Vatikan; Joseph Ratzinger (75), Vatikan; Camillo Ruini (71), Generalvikar für die Diözese Rom; Johannes Adrianus Simonis (70), Utrecht; Jaime Lachica Sin (73), Manila; Donigi Tettamanzi (68), Genua.

Die *dritte Gruppe:* Auch auf 33 weitere Kardinäle treffen jeweils eins oder mehrere der genannten Kriterien zu. Doch trotz grundsätzlichen Wohlwollens agieren sie vorsichtig, üben diplomatisch Diskretion und fördern deshalb das Opus Dei nur punktuell:

Luis Aponte Martínez (79), San Juan de Puerto Rico; Serafim Fernandes de Araújo (77), Belo Horizonte/Brasilien; Audrys Juozas Backis (65), Wilna; Edward Idris Cassidy (77), Vatikan; Godfried Danneels (68), Mechelen/Brüssel; Frédéric Etsou-Nzabi-Bamungwabi (71) CICM, Kinshasa; Bernardin Gantin (79), Vatikan; Michele Giordano (71), Neapel; William Henry Keeler (71), Baltimore; Pio Laghi (79), Vatikan; Bernard Francis Law (70), Boston; Jean-Marie Lustiger (75), Paris; Franciszek Macharski (74), Krakau; Theodore E. McCarrick (71), Washington; Jorge María Mejía (79), Vatikan; Cormac Murphy-O'Connor (69), London; François Xavier Nguyen Van Thuan (74), Vatikan; Miguel Obando Bravo (76) SDB, Managua; Silvano Piovanelli (78), Florenz; Norberto Rivera Carrera (59), Mexiko-Stadt; Antonio María Rouco Varela (65), Madrid; José Saraiva Martins (70) C. M. F., Vatikan; Christoph Schönborn (57) OP, Wien; Jan Pieter Schotte (74) CICM, Vatikan; Angelo Sodano (74), Vatikan; James Francis Stafford (69), Vatikan; Adolfo Antonio Suárez Rivera (75), Monterry; Friedrich Wetter (74), München; Christian Wiyghan Tumi (71), Douala; Jean-Claude Turcotte (65), Montreal; Ignacio Antonio Velasco García (73) SDB, Caracas; Ricardo J. Vidal (71), Cebu/Philippinen; Emmanuel Wamala (75), Kampala.

Eine *vierte Gruppe* von 10 Kardinälen hat – soweit in den Medien erkennbar – geringe Kontakte zum Opus Dei oder zu seinen Mitgliedern in ihren Diözesen. Schon deshalb können sie nicht ohne weiteres zu seinen Förderern gerechnet werden. Aber dennoch könnten manche von ihnen zu den drei ersten Gruppen gehören:

Aloysius Matthew Ambrozic (72), Toronto; Jorge Mario Bergoglio (65) SJ, Buenos Aires; Edward Bede Clancy (78), Sidney; Salvatore De Giorgi (71), Palermo; Francisco Javier Errazuriz Ossa (68), Schönstattbewegung, Santiago de Chile; José da Cruz Policarpo (66), Lissabon; Pedro Rubiano Sáenz (69), Bogotá; Giovanni Saldarini (77), Turin; Paul Shan Kui-hsi (78) SJ, Kaohsiung/Taiwan; John Baptist Wu Chen-chung (77), Hongkong.

Demnach sitzen Freunde und Sympathisanten des Opus Dei, vielleicht sogar Mitglieder, übergreifend in fast allen Gruppen und Flügeln, die »Vaticanisti« derzeit in ihrer Papst-Lotterie zu erkennen meinen. Zwar ist ungewiss, wie groß die Nähe eines neuen Papstes zum Opus Dei sein wird. Aber sicher ist, dass es sich seines Wohlwollens erfreuen wird.

Denn selbst unter den liberalen Mitgliedern des Wahl-Männer-Gremiums sind Kritiker des Opus Dei nur wie Stecknadeln im Heuhaufen zu finden. Entdeckt ist der Brasilianer Aloisio Lorscheider (77) OFM. Der Belgier Danneels dagegen hat die »vom Papst anerkannte Personalprälatur« gegen den Vorwurf einer Regierungskommission, sie sei eine Sekte, öffentlich verteidigt. Der Franzose Lustiger zeigte sich gegenüber Eltern, die ihn wegen ihres vom Opus Dei indoktrinierten Kindes um Hilfe baten, eher abweisend. Vom Italiener Martini (75) SJ, dem Papst-Favoriten des liberalen Flügels, ist immerhin bekannt, dass er intern Solidarität mit Eltern übe. Aber die »Heilige Unverschämtheit«[44] des Opus Dei setzt anscheinend auch ihm zu: Geschädigten, die sich an ihn wenden, die er aber nicht näher kennt, dient er lediglich mit dem frommen Rat: »Wir müssen jede Situation im Glauben sehen.«

Gelegentlich heißt es, inzwischen sei die Macht des Opus Dei so gewachsen, dass es den nächsten Papst stellen werde. Da wohl nur ein Kardinal gewählt wird und Cipriani Thorne kaum Chancen hat, könnte es sich dann nur um ein geheimes Mitglied der Priestergesellschaft handeln. Aber mal anders gefragt: Ist es eigentlich für das Opus Dei entscheidend, dass einer der Ihren der nächste Papst würde? Wäre er dann nicht von vornherein gehalten, gegenüber dem Opus Dei eher zurückhaltend zu agieren? Bedeutsamer dürfte für die Organisation sein, einen Papst zu haben, der es fördert und weltkirchlich weiter ausbaut: Tettamanzi, Sodano, Danneels, Ratzinger, Ruini, López Trujillo, Castrillón Hoyos oder Rivera Carrera.

Eventuell wären zu den bis 79 Jahre alten Kardinälen, die einen neuen Papst mitzuwählen hätten und die oben aufgelistet sind, weitere Opus-Dei-Sympathisanten hinzuzählen, die sich bisher nicht als Opus-Dei-freundlich zu erkennen gegeben haben. Sie alle würden wohl die Wahl eines Kardinals, der auf der Linie des Opus Dei liegt, durchaus unterstützen; aber auf jeden Fall keinen, der dem Opus Dei kritisch gegenübersteht.

Im Gesamtzusammenhang ist auch die neue Wahlordnung für das Konklave zu bedenken, die Papst Johannes Paul II. im Jahre 1996 erlassen hat. Bisher benötigte ein neuer Papst die Zweidrittelmehrheit der Kardinäle, wie es 1179 von Papst Alexander III. ausdrücklich festgelegt worden war. Papst Johannes Paul II. hat diese bewährte Regel abgeschafft. Fortan braucht ein Kandidat im 31. Wahlgang nur noch die absolute Mehrheit. Das ist eine schwerwiegende Änderung: Mit einer Zweidrittelmehrheit würde ein auch für das Opus Dei akzeptabler Kandidat nicht ohne weiteres durchkommen; denn vermutlich würden die Opponenten stark genug sein, dessen Wahl zu blockieren. Dann müssten beide Seiten einen gemeinsamen Kandidaten suchen. Diese Regel hat manchmal Überraschungen ermöglicht, zum Beispiel die Wahl des Papstes Johannes XXIII. Nunmehr muss der neue Papst nur noch in den ersten 30 Wahlgängen mit Zweidrittelmehrheit gewählt werden. Von da an genügt die absolute Mehrheit der Anwesenden.

Aber selbst ein Papst, der gegenüber dem Opus Dei neutral eingestellt wäre, könnte an der kirchlichen Macht der Organisation nicht mehr vorbeiregieren. In der forcierten vatikanischen Begünstigung, die sich seit 1989/90 feststellen lässt, wurden dem Opus Dei sechs Erzbischöfe beschert. Vor 30 Jahren stellte die Organisation nur drei Weihbischöfe und einen Bischof, heute sind es ein Kardinal, fünf Erzbischöfe, sechs Bischöfe, drei Weihbischöfe und zwei emeritierte Bischöfe (Liste im Anhang 2, S. 130 f.).

Nun könnte man zu bedenken geben, dass es in der katholischen Weltkirche mehr als 4000 Bischöfe gebe; die 17 lebenden Bischöfe aus dem Klerus der Personalprälatur Opus Dei und eine gewisse Zahl aus dem Diözesanklerus der Priestergesellschaft vom Hl. Kreuz würden dabei überhaupt nicht ins Gewicht fallen. Daran zeige sich letztlich, dass die Vorgänge um das Opus Dei maßlos überbewertet würden. Das Erste ist richtig; das Zweite ist falsch – wie folgende Überlegung zeigt:

Wenn von den 1800 Priestern der Personalprälatur 17 Bischöfe sind, bedeutet das: Auf 105 Priester des Opus Dei kommt ein Bischof. Die Machterweiterung des Opus Dei deutet sich an, wenn dazu folgendes

Zahlenverhältnis bedacht wird: Es gibt keine andere geistliche Gruppierung, dessen Klerus zu einem vergleichbar hohen Anteil aus Bischöfen besteht. Wertet man dann noch, dass sich die Priester des Opus Dei laut seinen päpstlich genehmigten Statuten vor allem um die Gläubigen der Personalprälatur kümmern, aber nicht Diözesanpriester oder Bischöfe sein sollen,[45] dann bekommt das Ganze einen Sinn: Mit der Aufwertung des Opus Dei zur Personalprälatur im Jahre 1982 war seine Privilegierung längst nicht abgeschlossen. Konsequent wird es an kirchliche Schaltstellen in Diözesen und im Vatikan gehievt.

Insgesamt zeichnet sich eine Klerikalisierung der Organisation ab, die einst als »Laienvereinigung« angetreten war. Es ist bezeichnend, dass die vatikanische Kleruskongregation stark mit Spitzen des Opus Dei besetzt ist. 1996 haben die Kleriker unter den Mitgliedern die Zwei-Prozent-Marke überschritten. Heute kommt auf 38 Laien, von denen etwa die Hälfte ohnehin unverheiratet ist oder zölibatär lebt, ein Kleriker der Prälatur.[46]

Zur Klerikalisierung des Opus Dei gesellt sich eine Art Papalisierung. Das Opus Dei ist zum effizienten Stoßtrupp des Papstes geworden: Außer den 17 Bischöfen hat es insgesamt 72 Päpstliche Prälaten und Hauskapläne sowie acht Priester, die ohne Titel in der römischen Kurie tätig sind. Dazu kommen mehr als zehn Priester, die in päpstliche Akademien in Rom berufen worden sind. Daraus ergibt sich: Von 18 Priestern des Opus Dei hat einer ein Amt oder einen Titel, die der Papst verleiht. Zehn Jahre zuvor war es nur einer von etwa 100 Priestern.

Aber auch hier ließe sich einwenden, durch einige eigene Oberhirten, eine Reihe von befreundeten Bischöfen und Kardinälen sowie päpstlich Berufene und eine unbekannte Zahl von Bischöfen bzw. Kardinälen in der Priestergesellschaft vom Heiligen Kreuz werde noch lange nicht die große Macht begründet, die dem Opus Dei nachgesagt wird. Daran ist richtig, dass nicht einzelne Mitglieder oder Sympathisanten in einem einzelnen Land dem Opus Dei die starke Bedeutung bescheren. Wichtiger dürfte der Geheimorganisation[47] sein, dass sie durch sie weltweit an Informationen gelangt, die sie zur Machtausübung benötigt: Die Informationen fließen in ihre römische Zentrale, können dort ausgewertet werden und dem geheimen Wirken dienen.

Die Mitglieder des Opus Dei sind ja ihrem Prälaten zu blindem Gehorsam verpflichtet. Jedes einzelne hat eine/n persönliche/n Leiter/in, der/die ihn kontrollieren kann. In den Regionen des Opus Dei wird eine detaillierte Mitgliederkartei geführt, in die alles Wichtige aufgenommen ist. Daten werden mit Passfoto nach Rom weitergemeldet.[48]

Gerade solche Methoden verschaffen dem Opus Dei Macht, weil sie sein Wissen enorm vermehren, ihm gezielt globalisiertes Handeln erlauben und in kirchlichen Amtsstuben Angst hervorrufen: Man weiß, dass die Geheimorganisation da ist; aber nur selten sind Mitglieder, Mitarbeiter und geheime Informanten zu erkennen.

Auf die rasante Bedeutungszunahme des Opus Dei in den neunziger Jahren lassen darüber hinaus die Jahreszahlen der Ernennung seiner päpstlichen Prälaten und Hauskapläne schließen (Liste im Anhang 3, S. 131 f.). Auch hier erfolgte der eigentliche Durchbruch ab 1992, und zwar ein halbes Jahr nachdem Gründer Escrivá selig gesprochen worden war. Dass es sich weitgehend um Priester mit spanischen Namen handelt, rührt aus der Verbreitung des Opus Dei überwiegend in Spanien her und daraus, dass zahlreiche spanische Opus-Dei-Priester auch in anderen Ländern tätig sind.

Opus Dei im päpstlichen Verwaltungsapparat

Der wachsende Einfluss des Opus Dei im Herzen der katholischen Weltkirche zeigt sich außerdem an der relativ starken Berufung von Opus-Dei-Mitgliedern in päpstliche Kongregationen, Räte und Kommissionen, also in den Verwaltungsapparat des Papstes.

Nachstehend eine Übersicht, die freilich nicht vollständig sein kann, weil die Identitäten nicht aller Opus-Dei-Mitglieder bekannt sind und weil sie aus dem vatikanischen Jahrbuch wie aus den Opus-Dei-Verlautbarungen »Romana« nur teilweise ersichtlich sind.

Staatssekretariat. Im zentralen Leitungsorgan des Heiligen Stuhls, dem Nerven- und Kommunikationszentrum, sitzen die Opus-Dei-Priester Stefano Miglorelli und Osvaldo Neves de Almeida. Titular-Erzbischof Justo Mullor García (Priestergesellschaft vom Heiligen Kreuz) ist Konsultor (Berater). Außerdem ist er Präsident der Päpstlichen Akademie für den diplomatischen Dienst, in der künftige Diplomaten des

Heiligen Stuhls herangebildet werden. Der französische Opus-Dei-Priester Philippe Jourdan ist Mitglied der Päpstlichen Nuntiatur in Estland. Aus den USA ist bekannt, dass zölibatäre Numerarierinnen, so genannte »Opus Dei nuns«, in Päpstlichen Botschaften beschäftigt werden, weil sie preisgünstig zu bekommen sind. Auf diese Weise spart der Heilige Stuhl Kosten, und das Opus Dei hat seine Leute in der vatikanischen Schaltstelle des jeweiligen Staates. Zum Beispiel beschäftige die Päpstliche Nuntiatur in Deutschland, wie es der ehemalige Bonner Nuntius Lajos Kada sagte, zwei »Mädels vom Opus Dei«.

Kongregation für die Glaubenslehre. In der wichtigsten der Kongregationen, die über den Glauben wachen, hat das Opus Dei drei Konsultoren: Monsignore Fernando Ocáriz, den Generalvikar des Opus Dei; den Priester Angel Rodríguez Luno, Dekan der Philosophischen Fakultät an seiner römischen Universität (vom Heiligen Kreuz); den Priester Antonio Miralles, ehemals Dekan der Theologischen Fakultät an dieser Einrichtung.

Kongregation für den Gottesdienst und die Sakramentenordnung. In dieser Kongregation wirken zwei Mitglieder des Opus Dei: Kardinal Juan Luis Cipriani Thorne und der Priester Carlos José Erraruiz Mackenna.

Kongregation für die Selig- und Heiligsprechungen. Eine Kongregation, für das Opus Dei besonders wichtig, weil sie den Selig- und Heiligsprechungsprozess Escrivás durchgeführt hat und weitere vorgesehene Seligsprechungsprozesse für Mitglieder des Opus Dei, zum Beispiel für den 1994 verstorbenen Prälaten Alvaro del Portillo, anhängig sind. Entsprechend stark ist die Organisation vertreten. Zu den Mitgliedern gehört Kardinal Juan Luis Cipriani Thorne. Dem zentralen fünfköpfigen Steuerungsgremium »Kollegium der Relatoren«, das vom Dominikanerpater Ambrosius Eßer, einem Fan Escrivás (s. S. 63 f.), geleitet wird, gehört der Opus-Dei-Priester Monsignore José Luis Gutiérrez Gómez an. Konsultoren sind: Titular-Bischof Javier Echevarría Rodríguez, der Prälat des Opus Dei; die Opus-Dei-Priester Monsignore Joaquín Alonso Pacheco und José Escudero Imbert.

Kongregation für die Bischöfe. Sie befindet unter anderem über die Besetzung von Bischofsstühlen (wenngleich der Papst letztlich entscheidet) – außer in Missionsgebieten und bestimmten Staaten, zum Beispiel Deutschland, in dem auf Grund besonderer Verträge zwischen dem Heiligen Stuhl und dem Staat das Staatssekretariat zuständig ist. In der Bischofskongregation hat das Opus Dei als Konsultoren: Titular-Erzbischof Julián Herránz Casado und den Priester Eduardo Baura.

Kongregation für die Evangelisierung der Völker. In dieser Kongregation, die unter anderem über die Bischofsernennungen in den Missionsländern entscheidet, hat das Opus Dei seine Priester Eduardo Baura und Monsignore José Tomas Martin de Agar y Valverde als Konsultoren.

Päpstliche Kommission für Lateinamerika. Die Kommission steuert die Kirchenpolitik, aber auch Geldmittel für Lateinamerika. Hier hat das Opus Dei eine ranghohe und damit einflussreiche Crew, nämlich drei seiner sechs Erzbischöfe: Cipriani Thorne, Herránz Casado und Sáenz Lacalle.

Kongregation für den Klerus. Sie wacht unter anderem über die römische Ausrichtung des Klerus und die Verteidigung der priesterlichen Aufgaben gegenüber den Laien, beschäftigt sich mit der Sicherung der Männerkirche und mit Entlassungen aus dem Priesterstand. Dort hat das Opus Dei eine hochkarätige Truppe: Kardinal Juan Luis Cipriani Thorne; Titular-Bischof Javier Echevarría Rodríguez; Erzbischof Julián Herránz Casado; Bischof Klaus Küng; dazu kommt der Opus-Dei-Priester Antonio Miralles, ehemals Dekan der Theologischen Fakultät am Ateneo (heute: Päpstliche Universität vom Heiligen Kreuz).

Kongregation für das Katholische Bildungswesen. Hier sitzen als Konsultoren: Monsignore Lluis Clavell Ortiz-Repiso und Gonzalo Herránz Rodríguez.

Besonders die kanonischen (rechtlichen) Institutionen des Vatikans sind stark mit Opus-Dei-Leuten durchsetzt. Kein Wunder, denn das

Denken ist im Opus Dei eher juridisch und juristisch-strukturell. Viele seiner Priester sind Kanonisten.

Oberster Gerichtshof der Apostolischen Signatur. Mitglieder: Titular-Erzbischof Julián Herranz Casado; Titular-Bischof Javier Echevarría Rodríguez; Berichterstatter: Priester Joaquín Llobell; Referent: Priester Juan Ignacio Arrieta Ochoa de Chinchetru.

Päpstlicher Rat für die Interpretation von Gesetzestexten. Präsident: Titular-Erzbischof Julián Herranz Casado; Sekretär: M. Giovanni Antonuzi; Konsultoren: Monsignore Carlos José Errázuriz Mackenna, ehemals Dekan der Kanonischen Fakultät am römischen Ateneo des Opus Dei; Monsignore José Luis Gutiérrez Gómez; Priester Juan Ignacio Arrieta Ochoa de Chinchetru; M. Alberto de la Hera, Leitender Direktor für Religionsfragen im spanischen Justizministerium.

Außerdem richtet das Opus Dei seine Kräfte stark auf die Institutionen des Lebensschutzes und der Familie.

Päpstlicher Rat für die Familie. Hier sind Konsultoren die Opus-Dei-Mitglieder: Bischof Klaus Küng; Monsignore Ignacio Carrasco de Paula; Priester Juan Ignacio Arrieta Ochoa de Chinchetru. Als Mitglieder des Opus Dei gelten die Ratsmitglieder Jean Marie und Anouk Meyer aus Frankreich, Alberto und Cristina de Vollmer Herrera aus Kolumbien sowie die Konsultorin Christine Boutin aus Frankreich.

Päpstlicher Rat für die Pastoral im Krankendienst. In diesem Gremium geht es unter anderem um Probleme der Bioethik und der Abtreibung. Mitglieder: M. Juan de Dios Vial Correa, Rektor der Katholischen Universität von Santiago de Chile, der als Opus-Dei-Mitglied gilt. Konsultor: Monsignore Ignacio Carrasco de Paula.

Päpstliche Akademie für das Leben (Pro Vita). Sie wird von M. Juan de Dios Vial Correa geleitet. Zwei Mitglieder sind als Opus-Dei-Mitglieder bekannt: Gonzalo Herranz Rodríguez und Monsignore Ignacio Carrasco de Paula. Das Mitglied Cristina Vollmer wird allgemein als Mitglied des Opus Dei bezeichnet.

Auch in folgenden Einrichtungen sitzen Opus-Dei-Mitglieder:

Päpstlicher Rat für die Kultur. Konsultoren: Monsignore Lluis Clavell Ortiz-Repiso; Juan de Dios Vial Correa.

Päpstlicher Rat für die Laien. Konsultor ist der Priester Luis Felipe Navarro.

Päpstlicher Rat für die sozialen Kommunikationsmittel. Konsultoren: Russell Shaw, Norberto González Gaitano.

Presseamt des Heiligen Stuhls. Joaquín Navarro-Valls, Direktor.

Päpstliche Kommission »Ecclesia Dei«. Sie dient traditionalistischen Vereinigungen wie der Petrus-Bruderschaft (romtreuer Zweig der Lefebvre-Bewegung), dem französischen Traditionalistenzentrum, nämlich dem Benediktinerkloster Barroux und den »Pfadfindern Mariens«(SJM/KPE). Mitglied ist Titular-Erzbischof Julián Herránz Casado. Als Ständiger Experte gehört ihr an: Monsignore Fernando Ocáriz, Generalvikar des Opus Dei.

Päpstliche Akademie des Heiligen Thomas von Aquin. Diese Hochschule erarbeitet zum Beispiel päpstliche Enzykliken. In ihrem Akademischen Rat ist Monsignore Lluis Clavell Ortiz-Repiso, Rektor der Opus-Dei-Universität vom Heiligen Kreuz. Zu den Akademiemitgliedern gehören vier weitere Opus-Dei-Mitglieder: Monsignore Antonio Livi; der Priester Mariano Artigas Mayayo; Alejandro Llano und Rafael Tomás Caldera.

Auch gegen diese Aufzählungen könnte man zu Recht einwenden: Einige Mitglieder des Opus Dei im großen Apparat der Kurie begründen noch keinen stärkeren Einfluss. Aber andererseits:

Jede Kurienabteilung hält häufiger ordentliche Sitzungen, doch nur jährlich oder alle zwei bis drei Jahre Plenarsitzungen. Zu den ordentlichen Sitzungen werden jene Mitglieder eingeladen, die sich in Rom aufhalten. Dass zahlreiche Mitglieder des Opus Dei in Rom wohnen, zeigt schon die ungewöhnliche Zahl der Wohnzentren des Opus Dei in der Ewigen Stadt (s. S. 139), und zwar mindestens sieben. Auf den ordentlichen Konferenzen der Kurienabteilungen werden Beschlüsse gefasst, die auf den Plenarsitzungen meist nur noch abgehakt werden. Wer aber, wie die meisten der kurialen Mitarbeiter des Opus Dei, in Rom wohnt, hat umso eher die Möglichkeit, an entscheidende Details zu kommen und vatikanische Entscheidungen zu beeinflussen.

In der Tat hat das Opus Dei überall seine eigenen Leute, die Informationen verschiedener Art zusammentragen; und die wichtigste Nachrichtenabteilung, das Vatikanische Presseamt, wird vom Opus-Dei-Numerarier Joaquín Navarro-Valls geleitet, der sich nach eigenen Angaben täglich mit dem Papst bespricht. Aus diesen Gründen dürfte das (vornehmlich klerikale) Gehirn in der Zentrale, der Villa Tevere, ausgezeichnet über das weltkirchliche Gesamtgeschehen informiert sein. Das gibt Möglichkeiten, frühzeitig Einfluss zu nehmen, das vergrößert die Macht der Geheimorganisation. Dabei erbrachte die Erhebung zur Personalprälatur dem Opus Dei ein unschätzbares Mittel: Der Prälat (Leiter) kann seine Truppen weltweit an den Diözesanbischöfen vorbei einsetzen.

Entscheidend ist nicht der Einfluss des Opus Dei einzelner Mitglieder in der Kirche oder in einem Staat, sondern das globalisierte Handeln der Organisation, das kirchenpolitische, aber auch gesellschaftliche Konsequenzen hat. Deshalb richtet sich sein Interesse in der letzten Zeit mehr und mehr auf die vatikanischen Instanzen, überstaatliche Organisationen und Schlüsselfunktionen im globalen Kapitalismus.

2. KAPITEL

»Reinigt diese Schmutzflut«

Das Opus Dei schrieb 1976: »Am 26. Juni 1975 um 12 Uhr starb Msgr. Josemaría Escrivá de Balaguer y Albás – sehr still und ohne jedes Aufsehen, so wie er es immer gewünscht hat. Er war durch göttliche Bestimmung der Gründer und der erste Generalpräsident des Opus Dei ... Der Vater – wie ihn viele Tausende nannten – war im Himmel.«[49]

Schon zu Lebzeiten war Escrivá eine Kultfigur. 1972 wurde er im Opus Dei mit den großen Gestalten des Glaubens verglichen: mit Abraham, dem Patriarchen, der am Anfang des Bundes stand, und mit Jesus von Nazaret, der den Neuen Bund stiftete. Mit Abraham schloss Gott den Bund und machte ihn zahlreich, zum Vater vieler Völker (Gen 17,4-7). Jesus nannte sich selbst den guten Hirten: »Ich bin der gute Hirt. Der gute Hirt gibt sein Leben für die Schafe«(Joh 10,11).

O-Ton *Crónica*: »Wenn wir an den Vater denken, dann erheben wir gemeinsam unsere Herzen zu Gott; wir erinnern uns an den Mann, den die Schrift preist, weil er in der Prüfung treu befunden wurde. Deshalb versprach ihm Gott mit einem Eid, dass in seinen Nachkommen die Nationen gesegnet würden, dass er ihn zahlreich mache wie den Staub der Erde und seinen Stamm wie die Sterne erhöhen werde; dass er ihm einen Besitz von Meer zu Meer gebe und vom Strom bis an die Enden der Erde (Ekklesiastikus 44,21-24) ...

Unser Vater ist auch der gute Hirt, der die Herde des ganzen Opus Dei führt. Er kennt uns und führt uns auf heilsame und überfließende Auen. Er gibt sein Leben hin, so dass wir, seine Kinder, es in immer größerer Fülle besitzen können ...

Bei seinem Letzten Abendmahl betete Unser Herr das hohepriesterliche Gebet für die Einheit seines Mystischen Leibes: damit alle eins seien (Joh 17,12). Und Er wünschte diese starke, unzerstörbare Einheit des Opus Dei mit einem Geist der Kindschaft zum Vater zu besiegeln, die unsere beste Verteidigung ist.«[50]

Das Opus Dei in Jesu Gebet beim Letzten Abendmahl. Unglaublich. Nachdem Papst Johannes Paul II. im Dezember 2001 das zweite Heilungswunder anerkannt hatte und einer Heiligsprechung Escrivás nichts mehr im Wege stand, ging der Kult um »El Padre« (den »Vater«) in eine neue Phase mit dem Endziel: Escrivás Kanonisation am 6. Oktober 2002. Der Startschuss wurde mit einem Kongress in Rom gegeben – zu seinem 100. Geburtstag. Dann folgte eine Feier der anderen. In Österreich lud Kardinal Christoph Schönborn in den Wiener Stephansdom und enthüllte eine Gedenkplatte zu Ehren Escrivás. In Deutschland rief Kardinal Joachim Meisner in den Kölner Dom, assistiert von Kardinal Leo Scheffczyk, der aus München heraneilte. Meisner (»Unser Dom ist fast eine Escrivá-Gedenkstätte«) ist Mitglied im Präsidium des Internationalen Mariologischen Arbeitskreises Kevelaer (IMAK), der von Priestern des Opus Dei initiiert wurde und geführt wird.

Wie die Prediger in Domen, die Redner in Festhalle und Börsensaal, so hob auch Meisner hervor: Escrivá sei ein Vorläufer des Zweiten Vatikanischen Konzils gewesen; denn er habe »unseren Laienchristen« gesagt, dass nicht nur Geistliche, sondern alle Christen heilig werden könnten. Seine Neu-Entdeckung einer alten Wahrheit sei »im Zweiten Vatikanischen Konzil in Rom voll zum Ziel« gekommen, »indem in der bedeutendsten Konstitution dieses Konzils, nämlich in der Kirchenkonstitution, ein Kapitel ›über die allgemeine Berufung zu Heiligkeit‹ aller Christen aufgenommen wurde«.[51]

Jedoch: In dem Kapitel stößt man weder auf eine Idee, die von Escrivá stammen würde, geschweige denn auf seinen Namen. Aber die Legende wird weiter gepflegt.

Oft wird in Heiligenlegenden berichtet, ein außergewöhnliches Ereignis der Kindheit des Heiligen habe schon frühzeitig auf seine spätere Berufung hingewiesen. An Escrivás Legende wurde schon während seines Lebens gestrickt. Das Ergebnis schlug sich in den Unterlagen für seinen Seligsprechungsprozess nieder. Seine Mutter habe ihm gesagt: »Die Jungfrau [Maria] muss dich in der Welt gelassen haben, um irgend etwas Großes zu tun, denn du warst schon mehr tot als lebendig.«[52]

Dahinter stand: Im Jahre 1904 war der zweijährige Josemaría so schwer erkrankt, dass die Ärzte ihn schon aufgegeben hatten, wie seine Mutter später berichtete. Sie empfahl ihn der Jungfrau Maria, und zwar »Unserer Lieben Frau von Torreciudad«, die in einer kleinen Bergkapelle der Pyrenäen verehrt wurde. Nachdem das Kind wider Erwarten gesund geworden war, wurde es von den dankbaren Eltern von Barbastro ins 30 Kilometer entfernte Torreciudad gebracht.

1956 erfuhren Mitglieder des spanischen Opus Dei, dass die Muttergottes von Torreciudad ihren Gründer auf wunderbare Weise gerettet habe. Doch niemand kannte den Ort. Man entdeckte ihn auf einer Wirtschaftskarte des 18. Jahrhunderts. Nun machten sich einige Opus-Dei-Leute auf den Weg und fanden eine kleine Kapelle, die der zuständige Bischof sechs Jahre später dem Opus Dei zur Betreuung übertrug. Sofort plante die Organisation eine riesige Wallfahrtskirche – zum Gedenken an die Errettung des Erwählten und zu Ehren der Muttergottes.[53] Escrivá selbst kam erst 1970 – zum ersten Mal seit 1904 – wieder an den legendären Ort, als die Bauarbeiten an der Kultstätte bereits begonnen hatten.[54] Heute ist Torreciudad das geistliche Zentrum des Opus Dei.

Zunächst war das Leben des kleinen José María Julian Mariano, der anno 1902 das Licht der Welt erblickt hatte, in normalen Bahnen verlaufen.[55] Josemaría Escrivá wuchs in einem frommen Elternhaus auf. Den Eltern ging es nicht schlecht, aber sie waren auch nicht reich. Als er 15 Jahre alt war, hatte er eine Art geistliches Schlüsselerlebnis: Im Schnee sah er die Fußspuren eines unbeschuhten Karmeliters. »Was tue ich für Gott?«, fragte er sich und gewahrte, dass Gott etwas Besonderes von ihm erbitte. Er beschloss, Priester zu werden. Mit 23 Jahren erhielt er in Saragossa die Priesterweihe.

Inzwischen hatte er mit einem zweiten Studium begonnen, dem der Jurisprudenz. Nachdem er kurze Zeit als Aushilfspfarrer gearbeitet hatte, wurde er Seelsorger im Stift einer Vereinigung wohltätiger Damen. Dort betete er inständig, dass sich ihm der Wille Gottes deutlich offenbare. Im Opus Dei heißt es: »In diesem Zustand überraschte ihn der 2. Oktober 1928. Er machte gerade Besinnungstage im Haus der Paulaner, in der Straße Garcia de Paredes in Madrid, als an jenem Tage das Opus Dei zur Welt kam.«[56] Sein spanischer Biograf Salvador Bernal fuhr fort: »Während er hier betet – wir wissen es durch eine vor kurzem öffentlich gemachte Bemerkung von Don Alvaro del Portillo, seinem Nachfolger seit 1975 –, sieht er das Opus Dei, und er hört gleichzeitig die Glocken der nahen Kirche Unserer Lieben Frau von den Engeln zu Ehren ihrer Herrin läuten. Von diesem Augenblick an, so sagte er in einer Predigt am 2. Oktober 1962: ›... fand ich keine Ruhe mehr. Ich begann zu arbeiten, widerwillig, weil ich mich nicht darauf einlassen wollte, irgend etwas zu gründen; aber ich fing an zu arbeiten, mich zu bewegen, zu wirken: die Fundamente zu legen.‹«[57]

Zuerst hatte der Gründer nur an eine männliche Abteilung gedacht. Frauen, so meinte er, sollten nicht einmal im Scherz im Opus Dei vorkommen. Doch er beugte sich, wie er sagte, dem Willen Gottes. Bernal berichtete: »Er gab das später vor seinen Töchtern ausdrücklich zu: Ich wollte weder eine männliche noch eine weibliche Abteilung des Opus Dei gründen. An die weibliche Abteilung hatte ich vorher nie gedacht. Ich versichere euch mit physischer Sicherheit – jawohl, physischer –, dass ihr Töchter Gottes seid.«[58] Mit solchen und ähnlichen Worten hat Escrivá darauf aufmerksam gemacht, dass das Opus Dei unmittelbar auf Gott zurückgehe. Sein verstorbener deutscher Biograf Peter Berglar, der Mitglied des Opus Dei war, weiß von einer »correctio divina« (einer göttlichen Korrektur) zu berichten, die Christus dem Gründer am 14. Februar 1930 erteilt habe, »indem er ihn wissen ließ: Ich will Frauen im Werke Gottes.«[59]

Der innere strukturelle Aufbau des Opus wurde im Jahre 1943 abgeschlossen. Escrivá hatte längst bemerkt, dass seinem Werk eine wichtige tragende Säule fehlte: die Priester. Dieses Manko wirkte sich ungünstig nach innen aus: Die Opus-Dei-Mitglieder mussten bei Priestern beichten, die – so fürchtete »El Padre« – vom Opus Dei nicht genügend wussten oder sogar Priester waren, die nicht rechtgläubig seien. So könnten seine Söhne und Töchter vom rechten Weg abkommen. Einen Ausweg bot eine Priestergesellschaft. Ihre Gründung trug dem Werk am 11. Oktober 1943 die vorläufige Approbation durch den Heiligen Stuhl ein. Seitdem ist es ein ungeschriebenes Gesetz im Opus Dei, dass Mitglieder nur bei den guten[60] Hirten der vereinseigenen Priesterassoziation vom Heiligen Kreuz beichten.

Wie das organisatorische ist auch das politische Fundament des Opus Dei in den dreißiger und vierziger Jahren gelegt worden – im theologischen Denken eines weitgehend geschlossenen katholischen Landes: zum einen aus dem Horizont des »Padre«, und zum andern aus der Einstellung der Mitglieder, die sich der Gemeinschaft anschlossen.

Diese war zunächst eine Art Kadergruppe in Madrid. Das politische Klima, das seit den zwanziger Jahren in Spanien herrschte, begünstigte ihr Wachstum, besonders unter der Diktatur Primo de Riveras. Es waren Teile der antikommunistisch geprägten Elite des Landes, die sich in dem neuen Verband zusammenfanden. Nicht von ungefähr berichtet Peter Berglar:

»Während es auch selbst in Rot-Spanien gemäßigtere Zonen gab, wie etwa die Provinzen Valencia und Alicante, wo es nicht zu den ärgsten Exzessen der Grausamkeit kam, entwickelte sich während der folgenden Wochen und Monate in Madrid eine Schreckensherrschaft. Schon am Tage nach dem Massaker in der Montana-Kaserne konnte Jimenez Vargas, der sich ein Bild von der Lage machen wollte, im Leichenschauhaus Berge von Getöteten sehen. Der Gründer hatte am Morgen des 20. Juli [1936] in Monteurkluft – als Priester erkenntlich, wäre er umgebracht worden – das Zentrum des Werkes verlassen, zusammen mit den wenigen Gefährten, die die Nacht über bei ihm gewesen waren, darunter Isidoro Zorzano. Schon die durch keine Kopfbedeckung versteckte priesterliche Tonsur bedeutete Lebensgefahr, aber niemand bemerkte sie, und so konnte er in der Wohnung seiner Mutter die erste Zuflucht finden. Hier musste er sich völlig versteckt halten, durfte nicht auf die Straße, nicht an die frische Luft, denn jeder in der Gegend wusste, dass er Priester war; er wäre sofort festgenommen oder von einer der Miliz-Patrouillen umgelegt worden. Das sind durchaus keine Übertreibungen: in der Nachbarschaft des Hauses der Mutter hängte man einen Mann auf, den man mit Josemaría verwechselt hatte; menschlich gesprochen ein tödlicher Irrtum; in Gottes Augen ein Blutzeuge des Opus Dei.«[61]

Erfahrungen, die umso prägender wirken, weil sie ursprünglich sind und an die Nieren gehen. In diesem Zusammenhang macht der englische Priester Vladimir Felzmann, der 1981 das Opus verließ, darauf aufmerksam, dass der Gründer leidenschaftlicher Antikommunist gewesen sei: »Wenn er in seinem Leben etwas hasste, dann war es der Kommunismus. Das war das Böse für ihn, weil er darunter gelitten hatte.«[62]

Die Lösung, die ihm wohl zupass kam, war das Eingreifen der Offiziers-Junta, die sich selber als Retter des nationalen und katholischen Spaniens vor der Errichtung einer marxistisch-sozialistischen, rätekommunistischen Diktatur sah.

Der Gegensatz »Kommunismus contra Christentum (Katholizismus)« dürfte in den vierziger Jahren wohl auch Escrivás Blick für die gesamteuropäischen Vorgänge bestimmt haben. Felzmann berichtet, in den siebziger Jahren habe man Mitgliedern in der römischen Zentrale das Beispiel der frühen Gefolgsleute Escrivás vor Augen gestellt: Jedes einzelne Mitglied, so hieß es, habe sich »freiwillig für die Blaue Division« – eine spanische Freiwilligentruppe, die im Zweiten Weltkrieg auf deutscher Seite gegen die Sowjetunion kämpfte – gemeldet. Man habe sie nicht genommen, aber sie seien zum Einsatz bereit gewesen.

In diesem Zusammenhang informierte mich Felzmann bereits 1984 über ein Gespräch mit Escrivá, dessen Inhalt ungeheuerlich erscheint und das in den neunziger Jahren – vom US-Magazin *Newsweek* aufgegriffen – weltweit Entsetzen hervorrief. Danach sei der Gründer durch Hitlers Eingreifen in Spanien zu Gunsten Francos und des Christentums so geblendet worden, dass er die Nazi-Greuel kaum wahrnahm. Er habe »Nazi-Deutschland als einen Kreuzzug gegen den Kommunismus« gesehen. Es habe für ihn nicht »Hitler gegen die Juden, Hitler gegen die Slawen, sondern Hitler gegen den Kommunismus« geheißen. Der neue Heilige habe ihm gesagt, »wenn die Leute behaupteten, Hitler habe sechs Millionen Juden getötet, dann übertrieben sie. So schlecht sei Hitler nicht gewesen. Er könne nicht mehr als drei oder vier Millionen Juden getötet haben.«[63]

Was Felzmann hier berichtete, konnte ich im ersten Moment nicht glauben. Sollte das ehemalige Opus-Dei-Mitglied, das selbst slawischer Herkunft ist, den Gründer falsch verstanden oder überinterpretiert haben? Ich habe zwei Mal nachgefragt.

Doch der englische Priester erinnerte sich sogar an den Ort und an Umstände: Er habe mit Escrivá allein in einem Raum der römischen Opus-Dei-Zentrale zusammengesessen, und bei dieser Gelegenheit habe er seine Gedanken geäußert. Natürlich, fügte Felzmann hinzu, würde er das nie geschrieben haben. Aber es habe zu seiner Gesamteinstellung gehört. Felzmann suchte mir sogar nahe zu bringen, dass

Worte des Gründers

Caudillos! ... stähle deinen Willen, damit Gott dich zum Führer mache. Siehst du nicht, was die verfluchten Geheimgesellschaften treiben? Die Massen haben sie nie erobert. – In ihren Zentren bilden sie Kader teuflischer Menschen heran, welche die Menge aufrühren und aufwiegeln und ihr den Kopf verdrehen, um sie hinter sich zu bringen und in den Abgrund der Unordnung zu führen ... in die Hölle. – Sie bringen eine Saat des Fluches. Wenn du willst ... dann bringst du das Wort Gottes, das tausend- und abertausendmal gesegnet ist und nie fehlgehen kann.[64]

Kämpft, meine Kinder, kämpft. Handelt nicht wie diejenigen, die sagen, dass die Firmung uns nicht zu Soldaten Christi macht. Vielleicht sagen sie es, weil sie nicht kämpfen wollen. Und so sind sie, was sie sind: besiegte Menschen, unterworfene Menschen, glaubenslose Menschen, gefallene Seelen wie der Satan.[65]

Ich habe dir die Bedeutung der Diskretion ans Herz gelegt. Vielleicht ist sie nicht die Spitze deiner Waffe, aber zumindest der Griff.[66]

Du beklagst dich innerlich, weil du hart angefasst wirst. Du spürst den Gegensatz zum Verhalten deiner Verwandten. Für dich schreibe ich aus dem Brief eines Militärarztes ab: »Gegenüber dem Kranken ist eine klare, nüchterne, sachliche Haltung des Arztes nötig; nicht aber das weinerliche Klagen der Familie. Was würde aus einem Verbandsplatz während der Schlacht, wenn sich der Strom der Verwundeten staut, weil der Abtransport nicht schnell genug vor sich geht und an jeder Tragbahre eine Familie steht? Es wäre zum Davonlaufen.«[67]

er Escrivá vor dessen Denkhorizont verstehen könne: Hitler habe für ihn das Christentum in Spanien gerettet. Deshalb könne er so schlecht nicht gewesen sein: »Für ihn war es so: man ist schon fast tot, plötzlich kommen die Deutschen in Waffen, und das Leben geht weiter. Die Kirche, die fast schon zu Grabe getragen wurde, richtete sich wieder auf.«[68]

Für das Opus Dei war Felzmanns Mitteilung hoch explosiver Zündstoff. Nachdem ich die zitierten und einige weitere Passagen veröffentlicht hatte, setzte sich ein »hohes Führungsmitglied« des englischen Opus Dei mit ihm in Verbindung, warf ihm »Ungenauigkeiten und Unwahrheiten« vor und warnte ihn im Namen der Opus-Dei-Leitung. Als Felzmann ihn fragte, was denn unrichtig oder falsch an seinen Aussagen gewesen sei, nannte der Gesandte des Opus Dei keine einzige konkrete Tatsache. Felzmann ließ sich nicht unter Druck setzen. Ausdrücklich genehmigte er, dass ich das Interview, das ihm schriftlich vorliegt, 1985 in voller Länge veröffentlichen konnte.

In der Aussage Escrivás wurde seine politische Grundhaltung deutlich: Die Politik hat die Aufgabe, der Kirche zu dienen, ihr zu helfen, den christlichen Besitzstand zu wahren, den Glauben zu erhalten und auszubreiten. Politische Machthaber, die diesen kirchlichen Imperativ erfüllen, kommen ihrer Hauptaufgabe nach. Alles andere ist unter diesem Gesichtspunkt zu sehen und zu bewerten – und auch zu entschuldigen. Eine solche Theologie muss mit einer Theologie, die gesellschaftliche Strukturen bedenkt wie auch ihre Widersprüche und die Leiden, die aus ihnen entstehen, zwangsläufig in Konflikt kommen.

Josemaría Escrivá hat zwar darauf bestanden, dass sich das »religiöse« Werk nicht in die Parteipolitik einmischen dürfe. Aus seiner Theologie wie aus der mit dieser Ausrichtung verbundenen Mitgliederzusammensetzung ergeben sich aber bestimmte, von der Opus-Dei-Mehrheit getragene politische Optionen. Man geht wohl nicht fehl in der Vermutung, dass Escrivá deren Richtung in seinem Brief »Dei amore« angezeigt hat.[69] Darin spricht er »von drei großen ›manchas‹, Flecken, die die Welt verschmutzen: zunächst ›esa mancha roja‹, jener rote Fleck (gemeint ist der marxistische Atheismus), der sich mit großer Geschwindigkeit über die Erde ausbreitet, der alles niederreißt, der noch die winzigste übernatürliche Regung zu zerstören trachtet. Dann das Vordringen einer zweiten großen Woge von losgelassener Sinnlichkeit, ja geradezu Verblödung, die die Menschen dazu bringt, sich wie Tiere aufzuführen. Schließlich ein noch ›andersfarbiger Fleck‹: die ständig zunehmenden Tendenzen, Gott und Kirche sozusagen die objektive Wirklichkeit und Bedeutung abzusprechen und sie in einen Winkel des Privatlebens zu verbannen, wo sie unter Kuratel eines subjektivistischen ›Gewissens‹ gestellt werden sollen; mit anderen Worten, die Verdrängung des Glaubens und seiner Bekundungen aus dem öffentlichen Leben. Diese drei ›manchas‹ stellen andauernde, offenkundige und aggressive Gefährdungen dar.«[70]

Escrivá veröffentlichte diesen Brief wenige Wochen, nachdem das Pontifikat Johannes' XXIII. begonnen hatte – für das Opus-Dei-Mitglied Peter Berglar, das offenbar »jede Zeile den zuständigen Gremien des Opus Dei vorlegen«[71] musste: an der »Schwelle einer unglücklichen Epoche, in der die dogmatischen Glaubenswahrheiten nicht nur ihrem Inhalt, sondern ihrer Natur nach infragegestellt und als sozio-historisch determinierte Produkte des subjektiven Menschengeists erklärt werden (und dies nicht selten auch innerhalb der Kirche) ...«[72]

Bereits zu jener Zeit machten sich der Gründer und das Opus Dei auf, die vorkonziliare katholische Kirche zu restaurieren; denn das Zweite Vatikanische Konzil (1962 bis 1965) richtete sich »gegen ihr Ideal der Kirche«[73]. Im Opus Dei reifte die Überzeugung, dass es mit Escrivá zur Rettung der wahren Kirche berufen sei.

Aus internen Schriften des Opus Dei ergibt sich, dass seit 1968 eine neue Geheimlehre über das Opus Dei und die katholische Kirche entwickelt wurde. Aus dieser Zeit stammt auch der Vergleich Escrivás mit Abraham und Jesus. Der Gründer des Opus Dei erschien als göttlicher Prophet am Beginn des dritten Jahrtausends.

Crónica, die interne Führungszeitschrift der Organisation, befand 1968, der Geist des Opus Dei throne über allen menschlichen Unterschieden. Er übersteige alle geographischen, sozialen und kulturellen Grenzen, auch die evolutionären Entwicklungen, die sich durch die Jahrhunderte hindurch vollziehen. Escrivá war nicht nur von seiner göttlichen Berufung und von der göttlichen Gründung des Werkes überzeugt, sondern schrieb sogar: »Der Herr will keinen vorübergehenden Charakter für sein Werk. Er fordert von uns einen unsterblichen Charakter.«[74]

Mehr und mehr begriff sich das Opus Dei als die einzig wahre Kirche, die auch heute so zu sein habe, wie sie schon immer gewesen sei. Im Mai 1966, wenige Monate nach Konzilsende, schrieb es sich selbst die Attribute zu, die allenfalls nur die katholische Kirche insgesamt für sich in Anspruch nimmt: »›Tota pulchra es, amica mea, et macula non es in te‹ – ganz schön bist du, meine Freundin, und kein Makel ist in dir. Das Werk ist ›tota pulchra‹«.[75] Im nächsten Schritt wurde das Opus Dei zur »Mutter«, ein Titel, der sonst nur der katholischen Kirche insgesamt zukommt: »Übernatürliche Liebe für unsere Schöne Mutter, deren Anfang und Ende in Gott liegt, kann nicht übertrieben sein.«[76]

Sodann zitierte *Crónica* den Gründer Escrivá: »Jeder von uns, der sein Leben in den Dienst der Kirche gestellt hat, muss Opus Dei sein, das heißt: operatio Dei [unterstr. im Original] – Arbeit Gottes, mit dem Ziel, das Opus Dei auf Erden zu tun.«[77]

»Operatio Dei« wurde 1983 von Berglar so gedeutet: eine »›Operation Gottes‹: ein großer rettender Eingriff des göttlichen Arztes, der das Corpus mysticum Christi, den Leib des Herrn, die Kirche, die so sehr geschwächt ist vom Abfall im Glauben und bisweilen an Krücken durch die Welt der Moderne humpelt, heilen und buchstäblich wieder auf die Beine bringen will«.[78]

1972 hat dann Escrivá selber das Wort in *Crónica* ergriffen. Ganz anders als das schöne und reine Opus Dei sah er die Kirche: »Heute müssen wir mehr als je in Gebet und Wachsamkeit vereint sein, um dieses Schmutzwasser, das die Kirche Gottes überflutet, aufzuhalten und zu reinigen. Possumus (wir können es)! Wir können die Schlacht gewinnen, obwohl die Schwierigkeiten sehr groß sind ... Die Situation ist ernst, meine Töchter und Söhne. Die ganze Kampflinie ist bedroht. Lasst nicht zu, dass durch einen von uns eine Bresche geschlagen wird. Ich habe nicht aufgehört, euch zu warnen: Das Böse kommt von innen und von hoch oben. Es gibt eine wirkliche Fäulnis, und zur Zeit scheint es, als sei der Mystische Leib Christi [die Kirche] ein Leichnam in stinkender Verwesung. Wie viele Beleidigungen gegen Gott gibt es. Wir sind so zerbrechlich, und sogar noch zerbrechlicher als andere. Aber wie ich schon immer gesagt habe: wir haben eine Verpflichtung zur Liebe; wir müssen jetzt unserem Dasein einen Sinn zur Wiedergutmachung geben.«[79]

Im Gegensatz dazu erstrahlt das Werk Escrivás in göttlichem Glanz: »Zugleich bringt uns die Demut zur Erkenntnis und Liebe der übernatürlichen Schönheit des Werkes, die heller leuchtet als ›die Morgenröte, schön wie der Vollmond, klar wie die Sonne, Furcht erregend wie eine Armee mit ihren Feldzeichen‹ (Hl 6,10). Das Werk ist ein Instrument der

Rettung, das ausdrücklich von Gott gewollt ist – im Herzen seiner Kirche –, und es sollte bekannt gemacht und geliebt werden, wie es ist, in all seinem göttlichen Glanz, als ein Erweis der unbegrenzten Gnade Gottes, als eine maßlose Wohltat für die gesamte Menschheit.«[80]

Während diese theologische Lehre über das unverschmutzte Opus Dei, die sich in seinen internen Schriften findet, geheim zu halten ist,[81] wird seit Mitte der sechziger Jahre das »spezifische Charisma« Escrivás, nämlich eine neue Laien-Spiritualität entwickelt zu haben, gezielt hervorgehoben. Laut der ehemaligen spanischen Opus-Dei-Leiterin María Angustias Moreno habe der Gründer 1966 in Barcelona einigen Mitgliedern sogar gesagt, das einzige am Zweiten Vatikanischen Konzil, das als geheiligt anzusehen sei, sei die Kanonisierung der täglichen Arbeit, also des Wesentlichen des Geistes des Opus Dei (»esencia del espíritu de la Obra«). Er habe hinzugefügt, die Tätigkeit der Opus-Dei-Mitglieder in Rom habe eine sehr große Effizienz, »weil der Papst nicht nur vom Heiligen Geist inspiriert wird«[82].

Zweifellos ist anzuerkennen, dass Escrivá und das Opus Dei akzentuiert haben, was auch das Vaticanum II herausgearbeitet und herausgestellt hat: »die Berufung des Laien«, ja vielleicht hat der spanische Priester dieses Kapitel des Konzils mit angestoßen. Zwei Jahre nach dem Konzilsbeschluss reklamierte Escrivá für das Opus Dei: »Wir sind gekommen, um von neuem auf das Beispiel Christi aufmerksam zu machen, der 30 Jahre lang in Nazareth gearbeitet und ein Handwerk ausgeübt hat. Unter den Händen Christi wird die Arbeit – eine berufliche Arbeit, wie sie Millionen von Menschen in der ganzen Welt verrichten – zu einem göttlichen Werk, zu einer Erlösungstat und zu einem Weg des Heiles.«[83]

Einzigartig war Escrivás Entdeckung allerdings nicht. Schon immer haben Christen versucht, die gewöhnliche Alltagsarbeit zu heiligen. Die Laien der Sodalitäten, der Dritten Orden und die Oblaten waren durch die Jahrhunderte überzeugt, dass alle Christen zur Heiligkeit berufen sind und dass diese in der Welt auch tatsächlich gelebt werden kann. Zu erinnern ist ferner an die katholische Laienbewegung in Deutschland und Frankreich zu Beginn des 20. Jahrhunderts. Sie war ein Nährboden, auf dem sich charismatische Impulse für eine neue Alltagsfrömmigkeit, die Heiligung der Arbeit, bildeten. Ähnlich war es in England. Dort hatte der Humanist Friedrich von Hügel, der drei Jahre vor der Gründung des Opus Dei starb, längst publiziert: »Jedes arme Waschweib, das sorgfältig die Vorschriften für eine gute Wäsche sich aneignet und ausführt, das sich abwechselnd von dieser Aufmerksamkeit auf das Ding zur Gesammeltheit und zu einem zunehmend liebenden Gebet und zu den Anfängen der Betrachtung hinwendet, ... oder jeder einfache Landarbeiter oder Schmied oder Bergarbeiter«[84] könne volles christliches Leben verwirklichen. Insofern irrt man im Opus Dei, wenn man meint, Gott habe mit Escrivá und seinem Werk »eine neue Seite im Buch der Kirchengeschichte aufgeschlagen«.[85]

In Spanien dagegen war diese Entwicklung offenbar kaum vorangekommen. Josemaría Escrivá empfand sein Vorhaben unter spanischen Vorzeichen als tollkühn. Und folgerecht fand er nur »das massivste Unverständnis«[86]. 1962 erinnerte er sich: »Es galt, die gesamte theologische und asketische und auch die gesamte juristische Lehre erst zu schaffen. Wenn ich die Jahrhunderte überschaute, konnte ich nur eines feststellen: es war nichts da. Rein menschlich betrachtet, war das Werk Wahnsinn. Deshalb sagten auch manche, ich sei verrückt oder ein Ketzer oder was sonst noch alles.«[87] In seiner angeblichen Originalität, der Wiederentdeckung der »Laien-Heiligkeit«, die zu einem entscheidenden Kriterium für seine Heiligsprechung hochstilisiert wurde, ist Escrivá also weder originell, noch war er damals der Erste.

Die eigentliche revolutionäre Neuerung, die das Opus Dei in die katholische Kirche gebracht hat und die durch die Kunde von der »Heiligung des Alltags« verdeckt wird, ist gar nicht religiös: Nie zuvor hat eine kirchliche Gemeinschaft so gezielt soziale Techniken entwickelt, um seine Apostolatsziele, nämlich die Christianisierung bzw. Re-Katholisierung der Gesellschaft (vgl. S. 123 ff.), zu bewirken. Es hat regelrecht eine gesellschaftliche Strategie entworfen: Wie Felzmann, sich auf Escrivá berufend, andeutet, arbeitet es sich »von oben nach unten« vor, getreu dem Grundsatz: »Cuius regio – eius religio« (Wer ein Land beherrscht, bestimmt auch dessen Religion).[88] Es sucht führende Leute für sich zu gewinnen, um sich in einem bestimmten Bezirk einen Zugang zu schaffen, von dem aus es dann langsam, aber stetig weiter »nach unten« arbeitet. Felzmann über Escrivá, dessen Autorität und Lehre auch heute im Opus Dei unumstritten ist: »Wenn

Sie die Führer auf Ihre Seite bekommen, dann haben Sie das ganze Land. Das war seine Motivation.«[89]

Ein Beispiel: Schon zu Beginn der vierziger Jahre hatte sich Escrivá mit Francisco Franco angefreundet. Auf Wunsch des Bischofs von Madrid hielt der religiöse Caudillo einige Besinnungstage (»un curso de retiro«) für den politischen Caudillo und dessen Frau.[90] Sicher ginge man zu weit, wollte man behaupten, »El Padre« habe schon damals die Weichen für eine künftige Regierungsbeteiligung von Opus-Dei-Mitgliedern stellen wollen. Aber der freundschaftliche Kontakt blieb, und 1951 gelangten drei Opus-Dei-Beamte in Regierungsbüros. Mehr und mehr öffneten sich dann Mitgliedern des Werkes die Pforten.[91] Als Franco 1957 das Kabinett umbildete, berief er gleich drei Opus-Dei-Leute zu Ministern. 1962 kam ein weiterer hinzu, und nach weiteren sieben Jahren soll die Organisation zehn Minister gestellt haben – eine Zahl, die in Veröffentlichungen von Opus-Dei-Mitgliedern bestritten wird. Es seien nur vier gewesen.

1975 ist Josemaría Escrivá im Alter von 73 Jahren gestorben. Er war nicht nur Gründer des Opus Dei, sondern auch Professor für Allgemeine Ethik und Berufsethik an der Hochschule für Publizistik in Madrid sowie Professor für Kanonisches und Römisches Recht in Saragossa und Madrid; Großkanzler der Opus-Dei-Universitäten in Pamplona und in Piura (Peru); päpstlicher Hausprälat; Mitglied der päpstlichen Römischen Akademie für Theologie; tätig als Konsultor der Kongregation für Seminare und Universitäten sowie der päpstlichen Kommission für die authentische Interpretation des Codex Iuris Canonici (CIC), des kirchlichen Gesetzbuches; Marqués von Peralta; Träger des ihm von Franco verliehenen Großkreuzes des heiligen Raimund von Penaforte.

Als er starb, hatte sich sein umstrittener Ruf weltweit verbreitet. Nun galt es, den Gründer und mit ihm das Opus Dei als Promotor eines vorkonziliaren Kirchenbildes zu kanonisieren.

3. KAPITEL

Die Apostolatswaffe im Test

17. Mai 1992. Ein strahlender Sonntagmorgen, blauer Himmel über dem Petersplatz in Rom. Schon im Morgengrauen sind die Pilgerinnen und Pilger mit Sonnenschirmen und Klappstühlen herangekommen.

Auch die Welt ist dabei, in Europa allerdings nur Italien. Der zweieinhalbstündige Festakt der Seligsprechung Josemaría Escrivás wird vom italienischen Fernsehen (RAI) live in Italien, nach Argentinien, Mexiko, Costa Rica, Chile, Paraguay, Uruguay, Bolivien, Puerto Rico, Trinidad und auf die Philippinen übertragen. Zwischendurch ein Film über den neuen Seligen, der Schnitt und Bearbeitung durch Opus-Dei-Experten erkennen lässt. In anderen Ländern wird das Ereignis zeitversetzt gesendet: Kanada, Venezuela, Kolumbien, Kenia, Uganda. Nicht nur der Stadt (Urbs), sondern auch dem Erdkreis (Orbis) – »Urbi et Orbi«- wird anlässlich der Seligsprechung gezeigt, wer die stärksten Bataillone in der katholischen Welt besitzt und die Macht hat, sie in die Urbs einrücken zu lassen. Der Tag und die anschließende römische Festwoche werden zum Probelauf für die noch feierlichere Heiligsprechung, mit der die Leitung des Opus Dei schon jetzt rechnet.

Die Truppen sind generalstabsgemäß nach Rom geführt worden. Die Mitglieder waren, soweit ihnen möglich, zur Romreise verpflichtet. Freunde und Sympathisanten aus korporativen Studentenheimen und Mitarbeiter wurden mit touristischen Attraktionen angelockt, wie der nebenstehende Ausschnitt aus einem Werbeprospekt der deutschen »Mitarbeiter-Vereinigung« des Opus Dei zeigt.

Tagelang gleicht Rom einem Heerlager. Die Getreuen des Opus Dei legen den Verkehr lahm und verursachen ein weitaus größeres Chaos, als es die Stadt ohnehin schon gewohnt ist. Bis nach Neapel und in die umbrischen Berge müssen einige der Pilger bei der Quartiersuche ausweichen, weil die Ewige Stadt seit Monaten ausgebucht ist. Selbst der Himmel über Rom ist von den Opus-Dei-Treuen beherrscht. Alle paar Minuten landen auf dem Flughafen Fiumicino Chartermaschinen aus sechzig Ländern. Allein aus Spanien treffen über 200 Flüge ein. Um

Reise-Einladung der Mitarbeiter-Assoziation

In modernen Fernreisebussen mit Schlafsesseln und WC, Halbpension und Unterkunft in Hotels und Pilgerhäusern.

Donnerstag, 14.5.1992

Abfahrt (an Haltepunkten in mehreren Städten)

Freitag, 15.5.1992

Unterwegs: Gottesdienst zur Eröffnung der Romreise. Ankunft in Rom. Gelegenheit zum Stadtbummel.

Samstag, 16.5.1992

Vormittags: Gottesdienst in der Basilika S. Maria Maggiore. Anschließend Besuch des Petersdoms. Nachmittags: Stadtrundfahrt – unter anderem Kapitol mit Blick auf das Forum, Kolosseum, Trevi-Brunnen, Piazza di Spagna. Abends: zur freien Verfügung.

Sonntag, 17.5.1992

9.30 Uhr: Feierliche Seligsprechung Josemaría Escrivás auf dem Petersplatz. Nachmittags: zur freien Verfügung. Abends: Rahmenprogramm zur Seligsprechung.

Montag, 18.5.1992

Vormittags: Begegnung mit Papst Johannes Paul II. in der Aula Nervi. Nachmittags: Domitilla-Katakomben. Dankgottesdienst in St. Johannes im Lateran. Abends: zur freien Verfügung (Gelegenheit zum Ausflug nach Tivoli).

Dienstag, 19.5.1992

Vormittags: zur freien Verfügung. Nachmittags: Konzelebration des Prälaten des Opus Dei, Bischof Alvaro del Portillo, mit Bischöfen und Priestern aus aller Welt. Abends: zur freien Verfügung (Gelegenheit zum Ausflug nach Frascati).

Mittwoch, 20.5.1992

Abreise von Rom – Besuch in Florenz

Donnerstag, 21.5.1992

Rückfahrt. Ankunft gegen Abend an den Haltepunkten

den Andrang der 144 Charterflugzeuge abfertigen zu können, wird sogar das Nachtflugverbot suspendiert. Bürgermeister Franco Carraro hat seinen Römern empfohlen, das Haus nicht zu verlassen oder dem Ansturm der Pilger mit Ausflügen zu entfliehen. Doch auch auf den Straßen zum Meer, in den Pinienwäldern an der Küste sind die Mitglieder und Anhänger des Opus Dei nicht zu übersehen: drei Zeltstädte aus dem Boden gestampft, mehrere Campingplätze rekrutiert, im Hafen von Civitavecchia liegt eine von 600 Spaniern gecharterte Fähre.

Auf der Via della Conciliazione, die von der Engelsburg zum Petersplatz führt, haben sich 2500 Busse aus allen Winkeln Europas gesammelt. Weitere Busse nahten schon eine Woche lang, Tag für Tag, aus Ostia, wo ein paar Kreuzschiffe aus Südamerika vor Anker gegangen sind.

L'Osservatore Romano, die Vatikanzeitung, schätzt die Zahl der Pilger auf 300 000, Beobachter sprechen realistischer von 200 000. Seit dem Heiligen Jahr 1950, so klärt ein römischer Monsignore seine Zuhörer auf, habe er eine solche Menschenmasse auf dem Petersplatz, unter den Kolonnaden Berninis und auf der Via della Conciliazione fast bis zum Tiber hin, nicht mehr gesehen. Weder die Absperrungen noch die zahlreichen Ordnungskräfte können das Gedränge bändigen.

Für das Opus Dei ist der Andrang »nicht Menschenwerk«. Flavio Capucci, der Opus-Dei-Anwalt für den Selig- und Heiligsprechungsprozess, erläutert: »Hier ist die Hand Gottes zu spüren.« Beobachter dagegen sehen einen neuen Beweis für die Effizienz des Opus Dei und führen den Massenandrang auf seine überragende Logistik zurück, mit der es seine Truppen befehligt, einsetzt und Macht demonstriert. Viele Römer indes sind verärgert, dass die meisten Opus-Dei-Anhänger gleich eine ganze Woche in der Stadt lagern. Edmondo Angele, Verkehrdezernent in Rom, muss, um Schlimmes zu verhüten, die Bürger bitten, ihre Proteste zu »dosieren«.

Über dem Portal des Petersdoms hängen zwei Porträts, die dann beim Akt der Seligsprechung feierlich enthüllt werden: Auf der einen Seite das Bild der Guiseppina Bakhita mit der traditionellen Kopftracht ihres Canossianerordens. Von dem Bild auf der anderen Seite blickt Josemaría Escrivá in seiner römischen Klerikerkleidung auf die ungeheure Menge von Anhängern seines Werks herab.

Das sechsstufige Podium Papst Johannes Pauls II. wird von einem goldenen Baldachin überdacht, der ihm Schatten spendet. 46 Kardinäle und mehr als 300 Bischöfe nehmen an der Zeremonie teil. In den ersten Reihen neben dem Papstaltar sitzen Verwandte des Opus-Dei-Gründers, zum Beispiel sein 79-jähriger Bruder Santiago, aber auch der italienische Politiker Giulio Andreotti ist zu sehen. Freilich, von Seiten der spanischen Regierung ist nur der Direktor des Büros für religiöse Angelegenheiten entsandt worden, was für Insider kein Wunder ist: In keinem Land der Welt ist das Opus Dei so umstritten wie im Geburtsland Escrivás. Da vermeidet es die spanische Regierung, sich aus dem Fenster zu hängen.

Unter den Ehrengästen ist auch Mutter Teresa, die (1997 verstorbene) Ordensgründerin aus Indien. Aber ist sie herangeeilt, um Josemaría Escrivá zu ehren oder in erster Linie die ehemalige Sklavin Josephine Bakhita? Sie war eine Dinka aus dem südlichen Sudan, Jahrgang 1869. Als sie, zehn Jahre alt, von Sklavenhändlern verschleppt und verkauft wurde, begann ein Leben in Not und Elend. Der letzte ihrer vier Herren, ein türkischer Offizier, hatte sie dem italienischen Konsul in Istanbul geschenkt. Der brachte sie nach Venedig, wo sie als Nonne fünf Jahrzehnte lang bis zu ihrem Tod im Jahre 1947 in einem Kloster lebte.

Der Kontrast zwischen den zwei Menschen, die der Papst an diesem Sonntag selig spricht, kann kaum größer sein. Zwar stammen beide aus kleinen sozialen Anfängen; aber während die freigekaufte Sklavin in ihrem Orden bescheiden weiterlebt, steigt Escrivá in den Adel auf, verkehrt schließlich mit Politikern, Wirtschaftsbossen und Kirchenführern. Sein Apostolat richtet er, wie es die Statuten von heute festhalten, vor allem an die Elite, die so genannten Intellektuellen.[92] Die Nonne Bakhita dagegen bleibt den kleinen Leuten von Schio zugewandt. Während Escrivá von Spanien nach Rom, ins Zentrum der Weltkirche, umsiedelt, lebt die ehemalige Sklavin vor der Öffentlichkeit verborgen in einem Kloster. Vater Escrivá bewegt sich in einem geschlossenen, auf Kampf und Ausschließlichkeit gestimmten Katholizismus; Schwester Bakhita dagegen jenseits der kirchenpolitischen Bastion. Der Vater blickt »von oben nach unten«, die Schwester dagegen ist »unten« geblieben. Auch sie möchte, dass das Evangelium bis ans Ende der Welt kommt. Aber sie unterscheidet sich von jenen

Missionaren, die sich den Proselytismus als höchstes Ziel gesetzt haben. Gott liebt alle Menschen, nicht nur die Intellektuellen – und machtlos, ohne Zwang. Vor allem liebt er die Armen, die keine Privilegien haben.

Offenbar zwei ganz verschiedene Welten: Im einen Fall wird der Glaube auch mit Macht, Reichtum und Organisation verbreitet; die Mission ist ein wichtiges, vielleicht das wichtigste Ziel; die eigene Leistung ist eine unabdingbare Voraussetzung für die Erreichung des Ziels. Im zweiten Fall dagegen ist das Leben nach dem Evangelium entscheidend. Es kommt in erster Linie nicht auf die Wahrung des kirchlichen Besitzstands, nicht auf Macht, Größe und Stärke an, sondern auf das Lebenszeugnis: Das Wort soll im Erdreich Wurzeln fassen, was jedoch vorrangig nicht von der Eigenleistung abhängig ist, sondern von der Gnade Gottes.

Doch von Schwester Bakhita und ihrer Botschaft nimmt kaum jemand in diesen Tagen Notiz. Zwar ist Kardinal Laurean Rugambwa aus Dar-es-Salaam angereist, um mit dem Papst und mit 19 weiteren Priestern, hauptsächlich aus dem Opus Dei, auf dem Petersplatz zu konzelebrieren. Doch die Mitglieder und Freunde des »Werkes Gottes« beherrschen den Petersplatz. Der Kern der Mitglieder ist an einer Art Uniform zu erkennen: feine Anzüge, oft mit gedeckten Krawatten, gestreifte Oberhemden, kurze Haare, rötliche oder blaue Kleider.

Das Opus Dei versteht sich als Truppe des Papstes. 1979 ließen ihr damaliger Leiter, Prälat del Portillo, und sein heutiger Nachfolger, Javier Echevarría, den Vatikan wissen: Wenn das Opus Dei eine Personalprälatur geworden sei, biete es »dem Heiligen Stuhl die Möglichkeit, bei größerer Effizienz über ein mobiles Corps von akkurat vorbereiteten Priestern und Laien zu verfügen, die überall ein mächtiges geistliches und apostolisches Ferment christlichen Lebens wären; dies vor allem im Bereich der Gesellschaft und im Berufsleben, wo es heute oft nicht leicht ist, in apostolisch-einschneidender Weise mit denjenigen Mitteln anzukommen, die der Kirche gewöhnlich zur Verfügung stehen«.[93]

Damit das mobile Corps für seinen apostolischen Kampf in der Gesellschaft besser gerüstet sei, wurde es drei Jahre später von Papst Johannes Paul II. tatsächlich zur Personalprälatur privilegiert. Eine Personalprälatur steht kirchenrechtlich etwa auf der Ebene einer Diözese – mit einem bedeutsamen Unterschied: Die Diözese hat ein bestimmtes *Territorium*. Dagegen ist die Personalprälatur eine weltweite Einrichtung, die an *Personen* gebunden ist. Durch die Privilegierung des Opus Dei zur einzigen Personalprälatur der katholischen Kirche ist seine Macht gewachsen. Zum Beispiel unterliegt es nicht mehr dem unmittelbaren Zugriff der Diözesanbischöfe.

Bereits 1958 hatte »El Padre« um diesen kirchenrechtlichen Status gebeten. Doch Papst Johannes XXIII. scherte sich nicht darum. 1964 wandte sich Escrivá an dessen Nachfolger, Papst Paul VI. Auch der ließ den Antrag ruhen. Aber Ende der Sechziger/Anfang der Siebziger begann die Stunde des Opus Dei. Es war die Zeit, in der Karl Rahner, der wohl bedeutendste deutschsprachige Theologe des vergangenen Jahrhunderts, einen »geheimen Willen« zur Rückkehr »ins Getto« erkannte.[94] Viele, meinte er in einem Kommentar zur Liquidierung der Wochenzeitung *Publik* durch die Deutsche Bischofskonferenz, wollten die Kirche wieder so, »wie sie früher war«: »Eine Gruppe, die in Glaube und Lebenspraxis und in der Reaktion auf die gesellschaftliche Umwelt in sich sehr homogen war und nach außen stolz auf ihre Geschlossenheit und auf die Bedeutung, die damit gegeben war ... Man hält jeden, gewiss oft unbequemen Pluralismus in der Theologie für eine Sprengung der Einheit des Glaubens ... Man hält das traditionell Überkommene, die bloße Gewohnheit, für die goldene Mitte, der gegenüber alles Neue sich erst noch zu rechtfertigen habe. Man übersieht, dass auch das Gewohnte sehr ›extrem‹ sein kann ... Man wagt nur Experimente, die keine sind, weil sie, wie immer sie ausgehen, nichts schaden. Es gibt eine Pseudotheologie des Marsches ins Getto, eines Willens dazu, geboren aus Angst, Enttäuschung über Misserfolge, berechtigter, aber verängstigter Sorge um das Evangelium und die Kirche.«

Das Opus Dei weist diese Geschlossenheit anscheinend noch auf, schon im äußeren Erscheinungsbild: Die Priester tragen den Talar und den römischen Kragen, sie vermitteln den Eindruck einer gehorsamen, dem Papst und dem Bischofsamt ergebenen Truppe. Dass ihr Lehrsystem auf der Neuscholastik und Papst Pius X.[95] (1903-1914) fußt, mag manchen römischen Prälaten eher für sie als gegen sie einnehmen. Gab es noch gegen Ende des Konzils nur sehr wenige Kardinäle, die dem Werk zuneigten, so ist die Schar der Sympathisanten ab Ende der sechziger Jahre kräftig angewachsen. 1969 ist Papst Paul VI. auf den großen Wunsch Josemaría Escrivás eingegangen und hat ihm geraten, den besonderen Generalkongress des Opus Dei einzuberufen, damit dieser die entsprechenden Untersuchungen zur Aufwertung des Werkes zur Personalprälatur einleite.[96] Im Klima der römischen Wende begann der weltkirchliche Aufstieg des Opus Dei.

Unter diesen Vorzeichen lautet die kirchenpolitische Botschaft des 17. Mai 1992: Escrivás Weg ist in der katholischen Kirche sehr umstritten. Doch ist der Gründer erst einmal selig mit der Prognose, bald heilig gesprochen zu werden, dann wird die Opus-Dei-Familie umso leichter propagieren können, sein Beispiel sei von der Kirchenleitung als richtig ausgewiesen. Und so kann sich die Kampftruppe dann umso besser gegen störende, bedrohliche Kritik immunisieren.

Familie und Kampftruppe – beides will das Opus Dei sein. In den geheimen, lateinisch verfassten Regeln »Geist und Fromme Gewohnheiten« aus dem Jahre 1990 sagt die Organisation über sich: »Das Opus Dei ist gewiss eine Familie, aber es ist zugleich eine Kampftruppe. Eine Familie, die in froher und liebevoller Zuneigung verbunden ist; und eine Kampftruppe, zum geistlichen Kampf bestens gerüstet dank straffster Disziplin.«[97]

Dieses Selbstverständnis findet seinen Ausdruck in der Führungsstruktur, die patriarchalisch und quasi-militärisch ist: an der Spitze der Opus-Dei-Prälat, der unabhängig von seiner Familie entscheiden kann und blinden Gehorsam erwarten darf; ihm unterstehen die Priester, dann folgen im Range die ehelosen männlichen Laien, die ehelosen Frauen und schließlich die Verheirateten.

Die Priester zählen zu den »Numerariern«. Dazu gehört auch die mittlere Führungsebene: männliche Laien, die, den Priestern ähnlich, ein Theologiestudium absolviert haben und zölibatär leben. Auch bei den Frauen gibt es zölibatäre Numerarierinnen, die aber – im Gegensatz zu den männlichen Laien – Führungsaufgaben für das Gesamt-Opus-Dei nicht übernehmen können. Über die zölibatäre Generalität im mobilen Corps schrieb Escrivá: »Die Ehe ist für das Fußvolk und nicht für den Generalstab Christi. Nahrung ist für jeden einzelnen notwendig, Zeugung aber nur, um die Art zu erhalten. Einzelne dürfen sich ihr entziehen.«[98]

Klassen im Opus Dei

Die Numerarier/innen sind Vollakademiker/innen oder sollen es nach der Aufnahme in das Opus Dei zumindest werden. Nach Möglichkeit sollen sie einen akademischen Titel besitzen. Sie bleiben unverheiratet. Ähnlich den Mönchen und Nonnen verpflichten sie sich zu Armut, Keuschheit und Gehorsam, legen allerdings keine Gelübde ab, sondern gehen entsprechende vertragliche Bindungen gegenüber dem Prälaten ein. Sie wohnen – nach Männern und Frauen getrennt – meist in Opus-Dei-Zentren. Ihr Anteil wird auf gut 20 Prozent geschätzt.

Die Numerarierinnen-Hilfskräfte der Frauenabteilung müssen keinen akademischen Abschluss haben. Sie widmen ihr Leben vornehmlich den manuellen Arbeiten oder häuslichen Pflichten (Kochen, Waschen, Putzen), auch bei den zölibatären Männern.

Die Priester sind Numerarier. Sie waren zunächst zölibatäre Laien – Numerarier (vornehmlich Inscritos) oder (selten) Assoziierte –, ehe sie für das Priesteramt ausersehen wurden. Sie bilden den »Klerus der Prälatur«. Nur die Priester-Numerarier sind für die obersten Leitungsaufgaben qualifiziert. Anteil: zwei Prozent.

Die Assoziierten leben ebenfalls im apostolischen Zölibat, gehören aber zu allen Berufen und Schichten. Gleichwohl nehmen sie alle geistlichen Verpflichtungen und Aufgaben der Numerarier auf sich und sind gehalten, sich derselben rigorosen asketischen Mittel (zum Beispiel Geißel und Dornengürtel) wie die Numerarier zu bedienen. Ihr Anteil beträgt etwa 20 Prozent.

Die Supernumerarier/innen siedeln auf der untersten Ebene. Sie sind Laien im Opus Dei, die seit 1950 heiraten dürfen. Die Männer beachten dieselben Normen wie die Numerarier und Assoziierten. Der Anteil der Supernumerarier/innen dürfte gut 50 Prozent betragen.

Die Inscritos/Inscritas (wörtlich: Eingeschriebene) sind aus den Numerarier/innen erwählt. Sie werden nicht in den päpstlich approbierten Statuten, wohl aber in geheimen internen Schriften erwähnt. Sie bilden die oberste Mitgliedsgruppe, werden geheim ernannt, binden sich neben dem normalen Vertrag durch ein weiteres Treueversprechen an die Prälatur und sind für Führungsaufgaben qualifiziert.

In der Frauenabteilung gibt es nicht nur Numerarierinnen, sondern auch *Hilfs*-Numerarierinnen. Während die Numerarierinnen bei ihrer Arbeit – laut Bestimmung von 1990 – weiß gekleidet sind, haben die Hilfs-Numerarierinnen ein farbiges Kleid zu tragen. Zu ihrer Uniform gehört eine gestraffte Frisur.[99]

In die Führungscrew können nur Priester gelangen, ein überschaubarer Trupp, derzeit zwei Prozent der Mitglieder. Die Priester, die den Doktortitel tragen sollen, haben das Opus-Dei-Volk nach einer einheitlichen neuscholastischen Doktrin zu unterweisen und zu formen. Escrivá ließ keinen Zweifel: »Wenn ein Laie sich zum Lehrmeister der Moral aufschwingt, irrt er sich häufig. Laien können nur Schüler sein.«[100]

Im Einzelnen ergibt das Studium der internen Schriften des Opus Dei folgende Gruppen: 1. Priester-Numerarier, 2. Inscritos, 3. gewöhnliche Laien-Numerarier, 4. Assoziierte, 5. Supernumerarier, 6. Inscritas, 7. Gewöhnliche Numerarierinnen, 8. Hilfs-Numerarierinnen, 9. weibliche Assoziierte, 10. Supernumerarierinnen. Dazu kommen Nicht-Mitglieder, die dem Werk angeschlossen sind: 11. Aspiranten (14-17 Jahre), 12. Priester-Assoziierte, 13. Priester-Supernumerarier, 14. Kleriker-Aspiranten (künftige Diözesanpriester), 15. Mitarbeiter.

Die einzelnen Gruppen leben weitgehend voneinander abgeschottet. Nur die Priester sind übergreifend tätig. Kein Wunder, dass auch das Wissen über das Opus Dei im Opus Dei sozusagen diszipliniert ist, im Sinne einer hierarchischen Teilhabe. Am meisten wissen die ehelosen männlichen Numerarier. Aber sogar unter ihnen ist der Wissensstand recht unterschiedlich: ein Inscrito, der für die Aufgaben der Leitung bestimmt ist und so den höchsten Rang bekleidet, den ein Opus-Laie erreichen kann, weiß in der Regel mehr als ein gewöhnlicher Numerarier oder gar ein Schüler oder Student, der zu den Numerariern zählt. Zum Kreis derer, die womöglich umfassendere Kenntnisse über Interna haben, gehören wohl nur Inscritos, vor allem die Priester der Opus-Dei-Familie: Der Leiter eines Landes weiß viel, am meisten wissen wohl die ranghöchsten Mitglieder der römischen Generalleitung, die sämtlich Priester sind.

Aus dem internen »Vademecum für die örtlichen Räte«: »Das Opus Dei ist eine Familie, die durch übernatürliche Bande zusammengehalten wird, und die Söhne brauchen – wie das in den Familien der Fall ist

– nicht in alles eingeweiht zu sein, was ihre Eltern stark beschäftigt, und die jüngeren Söhne brauchen nicht um alles zu wissen, was den Eltern und den älteren Söhnen bekannt ist.«[101]

Ja, wie es in geheimen Organismen üblich ist, kennen sich Mitglieder verschiedener Opus-Dei-Gruppen, zum Beispiel Männer und Frauen, Ehelose und Verheiratete, oft nicht einmal untereinander. In Geheimbünden, denen das Opus Dei gleicht, weiß das rechte Auge nicht, was das linke sieht, erst recht wissen die Hände nicht, was die Füße tun – nur das Gehirn weiß alles. Deshalb gelangt, wenn ein Mitglied, auch ein Numerarier, austritt und seine Kenntnisse verbreitet, die Realität des Opus Dei nur eingeschränkt an die Öffentlichkeit.

Die Mitglieder des Opus Dei sind für Außenstehende meistens unkenntlich. Aber wenigstens für eine Nichtmitgliedschaft gibt es ein sicheres Indiz: Wenn zum Beispiel irgendwo in der Öffentlichkeit ein Mann und eine Frau lachend und scherzend zusammenstehen, so sind sie nicht im Opus Dei. Denn die öffentlichen Umgangsformen zwischen den Geschlechtern sind im Opus Dei ziemlich streng. Regel aus der geheimen lateinischen Schrift »Geist und Fromme Gewohnheiten«, 1990 herausgegeben vom Opus-Dei-Chef:

»Die Mitglieder des Werks ... verweilen nie – auch nicht aus außerordentlichen oder dringlichen Gründen – mit einem Kollegen bzw. einer Kollegin des anderen Geschlechts allein im Büro, in der Klinik usw.; man sucht sie auch nicht in ihrer Wohnung auf; falls sie miteinander irgendeine Tätigkeit außerhalb des gewöhnlichen Arbeitsortes auszuüben haben, begeben sich die beiden nie allein dorthin, sondern lassen sich von weiteren Personen begleiten oder sie verabreden sich am Ort, an dem sie diese gelegentliche Arbeit zu leisten haben.«[102]

Die *ehelosen* Männer und Frauen der Familie Opus Dei haben sich überhaupt möglichst voneinander fern zu halten. Selbst wenn sie praktisch unter einem Dach wohnen, sollen die Männer nicht einmal die Namen der Frauen kennen – und umgekehrt.[103]

Der französische Opus-Dei-Priester Dominique le Tourneau schreibt über die Numerarier und Numerarierinnen in den Häusern des Opus Dei zwar: »Sie führen ein Familienleben wie eine normale christliche Familie.«[104] Doch das ist insofern verwunderlich, als sie zölibatär zusammenleben, keine Kinder haben und in den lateinischen »Internen

Regeln für die Verwaltung« etwas ganz anderes steht: Anweisungen, aus denen sich gleichgeschlechtliches Zusammensein in dem jeweiligen Zentrum ergibt.

Zum Verständnis der nachfolgenden Zitate sei vorausgeschickt, dass es sich bei der Bezeichnung »Residenz« um ein Haus der Männerabteilung handelt. Die Bezeichnung »Die Verwaltung« aber beinhaltet dreierlei: erstens den Wohnbezirk der Frauenabteilung, der an die Residenz, den Wohnbezirk der Männer, grenzt; zweitens: die Bewohnerinnen selbst, Numerarierinnen und Hilfs-Numerarierinnen; drittens: die Hausarbeiten, die die Frauen in der Verwaltung und in der Residenz für die Männer, die Numerarier, verrichten.[105]

»Die Verwaltung und die von ihr zu versorgende Residenz sind so vollständig voneinander unabhängig, dass sie so leben, als ob sie mehrere Kilometer voneinander entfernt wären.«[106]

»Der Eingang der Residenz ist stets vom Eingang der Verwaltung verschieden; soweit möglich, soll man sogar dafür sorgen, dass jeder Eingang sich an einer anderen Straße befindet, so dass die Personen, die in den beiden Häusern leben, absolut unabhängig eintreten und hinausgehen können.«[107]

Wer der Kampftruppe auf Lebenszeit beitreten will, muss mindestens 23 Jahre alt sein. Um dieses Ziel zu erreichen, muss der Kandidat schon als Jugendlicher in die Schule des Opus-Innenlebens eingetreten sein: Mit 16 1/2 Jahren schreibt er den »Brief« an die Leitung des Opus Dei und bittet um die »Admissio«, die einfache Zulassung, die er dann mit 17 erhält. Bis zum Jahr 1982, solange die Konstitutionen galten, war das Zulassungsalter auf 15 Jahre festgelegt. In den neuen Statuten wurde das Alter – entsprechend dem Kirchenrecht – um zwei Jahre heraufgesetzt.

Doch, wie im geheimen »Vademecum«[108] niedergelegt, schreiben 14-Jährige weiterhin einen »Brief«, worin sie eine Entscheidung für das Opus Dei treffen. Sie bekunden ihre Absicht, mit 17 Jahren unter die zölibatären Mitglieder aufgenommen zu werden. Als Grundlage dient eine Bestimmung der päpstlich approbierten Statuten, wonach der 17-Jährige vorher als Aspirant geführt werden kann. Daraus ist im Opus Dei ein Aspirantenstatus für zukünftige ehelose Mitglieder entwickelt worden, der es erlaubt, die alte Praxis weitgehend weiterzuführen und den Geist des Kirchenrechts zu ignorieren. Im Gegensatz zu früher kann man zwar die juristische Zulassung erst mit 17 Jahren erhalten. Aber praktisch ist unverändert, dass die Integration in das Innenleben des Opus Dei bereits mit 14 1/2 Jahren beginnt, wenn das Opus Dei den »Brief« akzeptiert hat. Weitgehend unterwerfen sich die Aspiranten dann den religiösen Übungen des Opus Dei und erhalten Kurse und Lehrunterweisungen. Zwei bis drei Wochen, nachdem sie die Admissio beantragt haben, können sie am Circulo Breve (deutsch »Kreis« genannt) teilnehmen.[109]

Im Kreis erforschen die Opus-Mitglieder wöchentlich gemeinsam, ob sie die Normen des Opus Dei erfüllt haben.[110] Einige Fragen:

- Habe ich die gewohnten Abtötungen unterlassen?
- Beweise ich durch Taten meinen Eifer, für das Opus Dei neue Mitglieder zu gewinnen?
- War ich gegenüber meinen Leitern stets tief ehrlich, indem ich persönliche Spontaneität und Verantwortungsgeschick miteinander verbunden habe und indem ich, in Demut unterwürfig und von Herzen, die Vorschriften im Hinblick auf das geistliche Leben und das Apostolat auf mich genommen habe?

14-Jährige nehmen nicht nur an diesen Kreisen teil, sondern sie haben auch bereits ihren persönlichen Leiter, mit dem sie sich zur wöchentlichen Aussprache treffen, und sie beichten wöchentlich bei einem Priester des Opus Dei.[111]

Die zölibatären Mitglieder unterliegen außerdem rigoroser Askese: Sie geißeln sich einmal in der Woche und tragen jeden Werktag mindestens zwei Stunden lang einen Bußgürtel[112]: ein dornenbespicktes Band, das um den Oberschenkel gebunden wird und Wunden verursachen kann.

Im Opus Dei herrschen Bücherverbot und Zensur.[113] Das Zweite Vatikanische Konzil hatte den Index, das Verzeichnis der für Katholiken verbotenen Bücher, abgeschafft; im Opus Dei wird es verschärft fortgeschrieben und ständig aktualisiert. Lesen darf man nur, was von verantwortlichen Mitgliedern der römischen Zentrale bzw. der Regionalkommission kontrolliert bzw. gesichtet worden ist und für sie nichts Gefährliches gegen Glauben und Kirche enthält:

»Um die örtlichen Räte in ihrer Aufgabe zu unterstützen, wird den Zentren von Zeit zu Zeit die geeignete Dokumentation gesandt: Bewertungen von Büchern in der Sicht des Glaubens, kurze bibliographische

Angaben, Rezensionen, positive Bibliographien, ein allgemeines Verzeichnis von Büchern zur kulturellen Bildung usw. ... Konkret darf man ohne die notwendige Erlaubnis nicht lesen: die Bücher, die von der zuständigen kirchlichen Behörde ausdrücklich verworfen worden sind; die Bücher und Artikel von nichtkatholischen Autoren, die ausdrücklich religiöse Themen behandeln, es sei denn, sie enthalten mit Gewissheit nichts gegen Glaube oder Sitten; die Schriften, die im Widerspruch zum Glauben oder zu den Sitten stehen; die Bücher, denen die kirchliche Approbation fehlt, und die diese nach dem Kirchenrecht ... benötigen würden; die Werke von Autoren marxistischer Ausrichtung, wobei zu beachten ist, dass der Einfluss dieser Ideologie sich auf vielen kulturellen und wissenschaftlichen Gebieten zeigt; die Bücher, die zwar nicht ausgesprochen antikatholisch, häretisch, unmoralisch usw., aber doch zweideutig und verwirrend (und darum gefährlich) im Hinblick auf Glauben und Moral sind.«[114]

Die Organisation behauptet, es handle sich hier um »Beratungen« der Mitglieder. Doch aus den Regeln ergibt sich: Wer den Rat nicht befolgt, muss das Opus Dei verlassen: »Es ist eine schwerwiegende moralische Verpflichtung, sich in dieser Materie an die Klugheitskriterien zu halten. Dazu nicht bereit zu sein, ist Grund dafür, dass jemand [zu den Aufnahme-Versprechen] nicht zugelassen werden kann bzw. um Austritt ersuchen muss.«[115]

Ehemalige Mitglieder sagen, durch die Regeln und durch die Kontrolle, ob die Regeln angewendet würden, werde hoher Gewissensdruck ausgeübt, der zu sektenähnlichen Persönlichkeitsveränderungen führen könne. Das Opus Dei selbst weist Aussagen über repressive Praktiken, indoktrinierenden Zwang und scharfe Zensur zurück: Die Mitglieder lebten in Freiwilligkeit und Eigenverantwortlichkeit.

Weshalb diese Widersprüchlichkeit? Diejenigen, die Druck ausüben, und diejenigen, die unter Druck stehen, empfinden es nicht so, solange sie die Regeln bejahen. Dass sie ihre Entscheidungen unter – möglicherweise massivem – Druck getroffen haben, wird ihnen wohl erst bewusst, wenn sie sich vom Opus Dei zu lösen beginnen.

Gerade für Mitglieder, die in jungen Jahren dem Innenleben des Opus Dei eingegliedert worden sind und dann wieder austreten wollen, ist dies ungemein schwer. »Im übrigen verspreche ich euch den Himmel«[116], hat Vater Josemaría seinen Kindern zugerufen. Aber wenn eines von ihnen das Werk verlassen will, kann es sein, dass ihm die Hölle verheißen wird. Aus zahlreichen Berichten greife ich zwei heraus. Maria del Carmen Tapia, ehemaliges Opus-Dei-Mitglied und Leiterin der Druckerei in der römischen Zentrale:

»Ich wurde acht Monate lang regelrecht unter Hausarrest gehalten. ... Ich wurde dauernd überwacht, durfte weder Briefe schreiben noch telefonieren. Man sagte mir, wenn jemand nach mir frage, werde man antworten, ich sei krank oder weggegangen ... Dann wurde ich gezwungen, meinen Austritt aus dem Opus Dei zu erklären ... Dieses letzte Treffen mit dem Vater, an dem mehrere Frauen und Priester aus dem Opus Dei teilnahmen, war unglaublich. Er beschuldigte mich in einer schmutzigen Weise. Er erwähnte zwei Priester des Opus Dei, die er wegen ihrer Hautfarbe ›Neger‹ nannte. Sein Schreien in der Mitte des Raumes, der ›Kapelle der Reliquien‹ genannt wird, erschien mir als höchst seltsam, ein wahrer Albtraum. Die zentrale Direktorin sagte mir, dass ich das Opus Dei in Todsünde verlassen würde wegen meiner Weigerung, die Postfachnummer herauszugeben. Ich wurde in einen Beichtstuhl gezwungen, und ein Opus-Dei-Priester sagte mir, auch wenn ich ein Leben der Buße verbringen würde, sei meine Rettung unwahrscheinlich.«[117]

Widmar Puhl, ehemaliger Numerarier in der Öffentlichkeitsarbeit des deutschen Opus Dei, schilderte in einer Rundfunksendung ein Erlebnis: »In Stuttgart bekam die Verlobte eines Opus-Dei-Mitgliedes, dem man mit 16 Jahren das Zölibatsversprechen abgenommen hatte und das nun heiraten oder austreten wollte, einen anonymen Anruf. Am Telefon war eine Frau, die sich als Mitglied des Opus Dei zu erkennen gab und meinte, ihr Name tue nichts zur Sache. Sie sagte, wer einen Diener Gottes in solche Abgründe der Sünde stürze, sei des Teufels, ihm sei nichts heilig und es sei besser, man hänge ihm einen Mühlstein um den Hals und versenke ihn in die Tiefe des Meeres. Die junge Frau aus Stuttgart unternahm einen Selbstmordversuch, kurz nachdem die anonyme Anruferin eingehängt hatte.«[118]

Nun, an diesem römischen Sonntag soll der umstrittene Josemaría Escrivá also zum leuchtenden Beispiel erhoben werden. Ein Seliger oder Heiliger wird von der katholischen Kirche in das Verzeichnis der Heiligen, den Kanon, aufgenommen. Damit erklärt die Kirche, dass er zur Schar der Seligen und Heiligen gehöre, deren endgültige Erlösung feststehe. Heilige und Selige dürfen kirchenamtlich verehrt werden – der Heilige weltweit, der Selige in festgelegten Bezirken. Dem Namen des Seligen oder des Heiligen darf man Kirchen und Kapellen weihen, und man darf seine Reliquien verehren.

Selige und Heilige sind in der katholischen Kirche hehre Vorbilder, »durch die Gott uns gegenwärtig wird und zu uns spricht« (Johannes Paul II.). Sie werden vom Kirchenvolk im Gebet verehrt, ihre fürbittende Hilfe wird angerufen. Diese an sich andächtige Verehrung, die Escrivá nun in Gebet und Gottesdienst zuteil werden soll, hat für das Opus Dei jedoch eine kirchenpolitische Stoßrichtung: Die »Verehrung des Vaters« sei die »neue Apostolatwaffe«, die der »Herr uns geschenkt hat«,[119] hat Prälat del Portillo seine Gefolgsleute in einer internen Verlautbarung wissen lassen. Kein Zweifel: Durch die Seligsprechung soll auch Escrivás Werk einschließlich seiner umstrittenen religiösen und sozialen Praktiken kanonisiert werden.

Ohne römische Nachhilfe, ja sogar Regelverletzungen, hätte das Opus Dei seine neue Waffe allerdings nicht erhalten. In einem Eilverfahren, wie es bis dahin unbekannt war, hat die zuständige Kongregation für die Selig- und Heiligsprechungsprozesse die Erhebung Escrivás vorangetrieben. Kaum war Johannes Paul II. im Amt, als er schon einen Hardliner an die Spitze der Kongregation berief: Kardinal Pietro Palazzini. Zu dessen ersten Handlungen gehörte die Einleitung des Seligsprechungsverfahrens für Escrivá.

Zur Erläuterung: Vor einer Seligsprechung findet in Diözesen, an denen der Verstorbene gelebt bzw. gewirkt hat, ein »Seligsprechungsprozess« statt. Untersucht wird, ob sein Leben einen »heroischen Tugendgrad« aufgewiesen hat. Dazu sollen Zeugen vernommen werden. Nicht nur positive, sondern auch negative Stimmen sollen ausreichend zur Geltung kommen.

Papst Paul VI. hatte Palazzini 1972 in der Versenkung verschwinden lassen. Bei der Auswertung der Ergebnisse, die auf einer Versammlung spanischer Bischöfe und Priester erzielt worden war, hatte der Kardinal einzig und allein die Meinung von Alvaro del Portillo, dem damaligen

Chef des Opus Dei, gelten lassen. Das Dokument, das als offiziell erschien, attackierte die Linie der spanischen Bischöfe, die sich vorsichtig vom Diktator Franco absetzten. Auf Druck des Vorsitzenden der spanischen Bischofskonferenz wurde Palazzini von seinem Amt entbunden. Aber nun, unter Johannes Paul II., war er der Präfekt, also der Chef, der Kongregation für die Selig- und Heiligsprechungsprozesse geworden.

Sechs Regelverstöße

Um den schnellen Sieg der Apostolatswaffe herbeizuführen und sie dem mobilen Corps zu übergeben, sind sogar sechs Regelverstöße begangen worden:

Regelverstoß 1: Das Opus Dei hatte sein Bemühen um Escrivás Seligsprechung mit einer umfassenden Kampagne begonnen. Zunächst wurden Kardinäle und Bischöfe aufgefordert, in Rom die Eröffnung des Selig- und Heiligsprechungsprozesses zu erbitten. »69 Kardinäle und 1228 Bischöfe, etwa ein Drittel des Weltepiskopates«,[120] hätten sich dafür eingesetzt, berichtet Opus Dei. Zu diesem überragenden Ergebnis war offenbar jedoch Druck aus der römischen Kurie notwendig: Bei einem Rundfunkgespräch habe ich den brasilianischen Kardinal Aloisio Lorscheider gefragt, ob auch er nach Rom geschrieben habe. Seine Antwort: Zwei Opus-Dei-Mitglieder hätten ihn aufgesucht und ihn gebeten, seine Unterschrift unter einen vorbereiteten Brief zu setzen. Er habe gesagt, er kenne Escrivá nicht, wie könne er da unterschreiben. Doch die Antwort war: Kardinal Sebastiano Baggio (ein Freund Escrivás, der damals in der Kurie für Lateinamerika zuständig war und seine Hand auch auf Geld für Lateinamerika hatte) wolle es gern. Daraufhin hat Lorscheider die Unterschrift gegeben. Als er dann später einiges über Escrivás kirchliche und politische Einstellungen und über das Opus Dei erfuhr, hat er seine Tat bereut.

Bekannt wurde auch: Ein afrikanischer Kardinal, der einen entsprechenden Text zur Unterschrift erhielt, verstand ihn zwar nicht, unterzeichnete ihn aber.

Das bedeutet: Schon vor der Eröffnung des Seligsprechungsprozesses, die sechs Jahre nach dem Tod Escrivás stattfand, wurde gegen eine Regel verstoßen; denn nach dem damals noch gültigen Kirchenrecht von 1917 mussten solche Briefe spontan geschrieben werden – also

23 deutsche Bischöfe und die Apostolatswaffe des Opus Dei

Schon zur Seligsprechung suchte das Opus Dei mit »zustimmenden Äußerungen« von Bischöfen sein Image aufzupolieren – nicht zuletzt, um sich gegen innerkatholische Kritik zu immunisieren. Nun wieder eine gut einfädelte Aktion, auch in Deutschland: Diözesanbischöfe, in deren Bistümern das Opus Dei Zentren betreibt, erhielten von seinem Prälaten die Anfrage, wie sie zur Heiligsprechung Escrivás stehen würden. Freundlich gesonnene Bischöfe nahmen ebenfalls Stellung.
Am 26. Februar 2002 verbreitete das deutsche Informationsbüro des Opus Dei im Internet: »23 deutsche Bischöfe für Heiligsprechung«. Aber nur neun wurden genannt: Meisner, Wetter, Degenhardt, Averkamp, Marx, Mixa, Mussinghoff, Lettmann und Reinelt. Wer sind die übrigen 14? Haben andere abgelehnt? Auch das wären Voten.
Das Opus Dei hob hervor: Der »stellvertretende Vorsitzende der Deutschen Bischofskonferenz, der Aachener Bischof Heinrich Mussinghoff«, habe ein Pro-Escrivá-Schreiben an den römischen Prälaten gerichtet. Hilft also die Bischofskonferenz, die »neue Apostolatswaffe« zu schärfen? »Nein«, erklärte ihr Sekretariat auf Anfrage: Mussinghoff habe den Brief nur als Bischof von Aachen geschrieben. Auch Lettmanns Pressestelle korrigierte: Der Bischof habe laut seinem persönlichen Sekretär »eine offizielle Äußerung in schriftlicher oder mündlicher Form gegenüber Opus Dei <u>nicht</u> getan«.
Möglichst exakte Erkundung und korrekte Information der kirchlichen Öffentlichkeit sind also notwendig. Das Informationsbüro beantwortet die Anfrage nach den restlichen Bischofsnamen nicht. Deshalb ein Schreiben an sämtliche nichtgenannten Mitglieder der Bischofskonferenz wie an die emeritierten Bischöfe – mit entsprechender Information und der Bitte um Auskunft: »Haben Sie sich für die Heiligsprechung ausgesprochen oder nicht?« Drei Bischöfe bekennen Farbe: Bischof Schlembach (Speyer), Bischof Müller (Görlitz) und Weihbischof Guggenberger (Regensburg). Nachdem Lettmann persönlich aufmerksam gemacht worden ist, dass das Dementi veröffentlicht werde, lässt sein Büro wissen, er habe »die Heiligsprechung des Gründers des Opus Dei durch einen Brief an die zuständigen Stellen befürwortet«. *Ergebnis der Umfrage im Anhang 5, S.149 f.*

nicht unter Zwang oder Druck –, und der Schreiber muss den Kandidaten persönlich gekannt haben.[121]

Doch in der »Positio« Escrivás steht, dass ihn nur 128 Bischöfe persönlich gekannt haben. Worauf haben dann die restlichen 1169 Oberhirten ihre unmittelbare Kenntnis gestützt? Zur Erläuterung: Eine Positio ist ein offizielles vatikanisches Dokument, das die Seligsprechung und die Heiligsprechung eines Verstorbenen zum Ziel hat. Sie veranschaulicht sein Leben und seine Taten, vor allem aber seinen »heroischen Tugendgrad« und seine »Heiligkeit«. Sie wird im Wesentlichen von zwei Konsultorengruppen, nämlich Historikern und Theologen, erstellt.

Nicht dokumentiert wurde die wichtige Frage, wie viele Bischöfe aus dem Opus Dei veranlasst werden sollten, nach Rom zu schreiben und wie viele dieser Aufforderung nicht nachgekommen sind; denn trotz der massiven Einflussnahme durch das Opus Dei hat nur ein Drittel des Weltepiskopats positiv reagiert. Auch Weigerungen sind Voten.

Regelverstoß 2: Der US-amerikanische Journalist Kenneth L. Woodward vom Magazin *Newsweek*, der sich durch das Buch »Making Saints«[122] einen Namen gemacht hatte, hielt der Selig- und Heiligsprechungskongregation, insbesondere dem Opus Dei, auf einer Pressekonferenz in Rom vor, das Opus Dei habe, entgegen der Gepflogenheit, bis zum Schluss verhindert, dass Relatoren der Kongregation, die nicht unmittelbar mit dem Seligsprechungsprozess Escrivás betraut waren, in die 6000 Seiten starke Positio Einblick nehmen konnten. Schon wegen dieser Geheimhaltungen sei der Prozess nicht in der üblichen Form geführt worden.

Regelverstoß 3: Die Kongregation behauptet, bei den Verfahren in Madrid und Rom seien 92 Zeugen gehört worden. Aber die Positio nennt allein 43 Zeugen, die Mitglieder des Opus Dei seien – fast die Hälfte der Zeugen. Das war unüblich. Außerdem ist es nicht nachprüfbar, wer überhaupt dem Opus Dei zuzurechnen ist. Zum Beispiel werden ja Diözesanpriester, die in geistlicher Hinsicht dem Leiter des Opus Dei unterstehen, nicht als »Mitglieder« des Opus Dei geführt, wenngleich sie nach seinen ideologischen Vorgaben zu leben und handeln haben.

Sieht man genauer hin, merkt man außerdem, dass von den 2101 Seiten mit Zeugenaussagen insgesamt 839 vom damaligen Opus-Dei-Chef Alvaro del Portillo stammen und von seinem Vertreter, Generalvikar Javier Echevarría, der zudem noch Konsultor der Kongregation für Selig- und Heiligsprechungen war. Also: Etwa 40 Prozent der Zeugenaussagen kamen von den beiden engsten Mitarbeitern Escrivás.

Der Theologen-Konsultor Monsignore Luigi De Magistris nannte es äußerst fragwürdig, 455 Seiten des persönlichen Beichtvaters Escrivás, nämlich Bischof Portillos, als Zeugnis zuzulassen. Zwar seien Beichtväter als Zeugen grundsätzlich nicht ausgeschlossen, aber eine solche Fülle von Seiten widerspreche der Praxis der Kongregation, zu verhindern, dass ein Beichtvater Aussagen mache, von denen er unter dem Siegel des Beichtgeheimnisses Kenntnis erhalten habe. Deshalb votierte De Magistris, ein Experte für das Kirchenrecht, sehr energisch dafür, dass Portillos Zeugnis aus den Dokumenten getilgt werde.

Regelverstoß 4: Das Kirchenrecht fordert, dass sowohl positive wie auch negative Zeugnisse gesucht und gehört werden müssen. Der Opus-Dei-Priester Flavio Capucci, der als »Postulator« (Anwalt des Opus Dei) für den Prozess verantwortlich war, erklärte zwar dazu, dass elf ehemalige Mitglieder zur Geltung gekommen seien. Aber nur ein einziger davon gab ein negatives Zeugnis, und zwar der spanische Soziologe Alberto Moncada, ein ehemaliges Mitglied des Opus Dei. Und diese Stellungnahme umfasste nur zwei der mehr als 2000 Seiten mit Zeugenaussagen. Darüber hinaus stellte die Positio die Aussagen Moncadas als unseriös hin und nahm sie nicht ernst.

Weiterhin: Einige Kritiker Escrivás wurden daran gehindert, zu Wort zu kommen. Unter anderem wurde ein Verwandter Escrivás ausgeschlossen – sowie sieben ehemalige Mitglieder des Opus Dei, die ihn gekannt hatten, jedoch ihm und dem Opus Dei kritisch gegenüberstanden.

Das bedeutete: Den theologischen Konsultoren war es nicht gestattet, außer dem angeblich unseriösen Moncada noch einen weiteren Zeugen, der gegen Escrivá ausgesagt hätte, zu werten. Umso haarsträubender war, dass einige der ausgeschlossenen Zeugen in der Positio durch den damaligen Opus-Dei-Generalvikar und heutigen Chef Echevarría bezichtigt werden, geisteskrank bzw. sexuell pervers zu sein. Die so Kritisierten haben erklärt, dass sie in einem geheimen Prozess ihrer eigenen Kirche ohne Möglichkeit, sich zu verteidigen, verleumdet worden seien.

Dagegen hielten zwei Theologen-Konsultoren, die Prälaten De Magistris und Justo Fernandez Alonso, fest, dass die negativen Zeugen hätten gehört werden müssen. Magistris plädierte sogar für eine ergänzende Untersuchung, die Escrivás Kritiker mit einschließen solle; denn ohne sie könnten die Theologen-Konsultoren kein gerechtes Zeugnis fällen.

Regelverstoß 5: Nur einer der acht (bzw. neun, wenn man den Glaubensanwalt hinzuzählt) theologischen Konsultoren bzw. Richter in dem Prozess, nämlich Fernandez, war ein Spanier, die übrigen waren Italiener. Üblicherweise jedoch wählt die Kongregation ausreichend Konsultoren aus dem Heimatland des Kandidaten, weil sie dessen Sprache und historischen Hintergrund genau verstehen.

Der genannte Journalist Woodward sieht hier einen Zusammenhang mit der begründeten Annahme, dass sieben der Konsultoren nicht in Übereinstimmung mit der geltenden Praxis erwählt worden seien. Von vornherein seien Konsultoren, weil sie Kritiker Escrivás waren, ausgeschlossen worden. Doch dieses Gerücht lässt sich nicht verifizieren, weil sich der Glaubensanwalt, der – in Absprache mit dem Sekretär der Kongregation – die Theologenkommission zu berufen hatte, dazu nicht geäußert hat.

Regelverstoß 6: Zwei Richter, De Magistris und Fernandez, enthielten sich, als die Theologenkommission über die Positio zu entscheiden hatte, der Stimme, weil sie in ihr Fehler entdeckt hatten. Merkwürdig war dann der Umgang mit dem Votum von Fernandez: Er hatte es zwei Wochen vor dem abschließenden Treffen der Richter abgegeben; denn er konnte nicht daran teilnehmen, weil er sich in Spanien aufhalten würde. Doch die Offiziellen der Kongregation zogen eine unveröffentlichte Regel aus dem Jahre 1986 hervor, wonach – im Gegensatz zu positiven – nichtpositive Voten nicht gewertet würden, wenn der Konsultor abwesend sei und sein Votum nicht verteidigen könne. Aus diesem Grunde wurden die Bischöfe und Kardinäle, also die entscheidenden Mitglieder der Kongregation, und womöglich sogar der Papst, von den sehr ernsten Vorbehalten des theologischen Konsultors Fernandez offiziell nicht in Kenntnis gesetzt. Sein Einspruch könnte ihnen bei der abschließenden Bewertung der Positio unbekannt gewesen sein.

Franco, Titel und der heroische Tugendgrad

Über die Regelwidrigkeiten im Prozessverfahren hinaus ließe sich nach Woodward gegen die Positio einwenden:

1. Sie vernachlässige die Beziehungen Escrivás und des Opus Dei zum Franco-Regime (s. S. 41). Sie leugne, dass Escrivá in politische Angelegenheiten und wirtschaftliche Affären des Opus Dei verwickelt gewesen sei.

2. Sie stelle seinen »heroischen Tugendgrad« fest, bemängele aber nicht, dass Escrivá, wie es nicht gehörte Kritiker wussten, offenbar ein unbeherrschtes Temperament hatte, dass er seine bescheidene Herkunft zu verdecken suchte und für sich und seine Familie den Adelstitel des »Marqués« von Peralta (s. S. 41) erwarb – Eigenschaften und ein Verhalten, die kaum für Bescheidenheit, geschweige denn für einen »heroischen Tugendgrad« sprechen.

Kritik an dem Verfahren kam aber auch unmittelbar aus der Kongregation für Selig- und Heiligsprechungen, und zwar vom Jesuitenpater Kurt Peter Gumpel, der uns sagte:

»Bisher war das schnellste Verfahren das von der kleinen Therese von Lisieux, das nach ihrem Tode 26 Jahre gedauert hat, während es bei Escrivá zwischen dem Tod und seiner Seligsprechung ja nur um eine Zeitspanne von 17 Jahren geht. Das ist allerdings wirklich völlig ungewöhnlich, und ich muss Ihnen in aller Ehrlichkeit sagen, dass ich auch persönlich es vorgezogen hätte, wenn man sich etwas mehr Zeit und Ruhe genommen hätte. Ich sage das ganz abgesehen von dem, was ich persönlich denke oder denken kann über die Person von Josemaría Escrivá oder über das Opus Dei im allgemeinen, damit hat meine Kritik gar nichts zu tun; es geht mir um ein Prinzip – wenn es sich um Personen handelt, die in sehr exponierter Stellung gewesen sind, die stark in die Öffentlichkeit getreten sind, die schon während ihres Lebens zum Teil sehr umstritten waren, wie das bei Escrivá ohne Zweifel der Fall ist. Wenn auch nach deren Tod immerhin die Meinungen sehr geteilt sind, manche Leute wirklich glühend begeistert sind, andere sehr dagegen sind, dann sollte man nach meiner Meinung zuwarten. Ich bin lange Jahre Universitätsprofessor gewesen; und als ich selbst Student war, hatte ich hausgezeichnete Professoren, die uns immer sagten: ›Wissen Sie, wenn es sich um eine Person handelt, die in der Öffentlichkeit stark hervorgetreten ist, die umstritten war, dann kann eine definitive Biografie, wenn alles gut geht, vielleicht nach 30, 40 oder 50 Jahren verfasst werden.‹ Und dasselbe gilt natürlich auch für unsere Prozesse. Und deswegen hat es mir irgendwie leid getan, dass man dieses Verfahren immerhin in einer so ungewöhnlich kurzen Zeit durchgebracht hat.«[123]

Mehrere Kirchenführer, allen voran der spanische Kardinal Vicente Enrique y Tarancón,[124] der inzwischen verstorbene Alterzbischof von Madrid und einer der angesehensten Kirchenführer in Escrivás Heimatland, haben offen für die Aussetzung des Seligsprechungsverfahren plädiert. Vergebens.

Kirchenpolitik statt Volksfrömmigkeit

Unmittelbar nach der Seligsprechung visierte das Opus Dei die Heiligsprechung an: Handzettel mit einem entsprechenden Gebet wurden verteilt. Dass sie kommen werde, war nicht zweifelhaft. Der Prozess der Kongregation war ja geführt, notwendig war nur noch ein zweites Heilungswunder, das, so war bereits am 20. Mai aus dem Opus Dei zu hören, vorgezeigt werden könne.[125] Und auch die übrigen Zeichen standen gut:

In der römischen Festwoche des Opus Dei, die sich an Escrivás Seligsprechung in Rom anschloss, outeten sich mehrere Kardinäle und hielten öffentlich Gottesdienste für dessen Pilger aus aller Welt. Diese Kardinäle darf man als Opus-Dei-freundlich ansehen. Darunter sind: Andrzej Maria Deskur, Nicolás de Jesús López Rodriguez, Eduardo Martínez Somalo, Paul Poupard, Camillo Ruini und Angelo Sodano. Einige waren schon vorher als Opus-Dei-freundlich bekannt. Zum erstenmal in dieser Gruppe war der bis dahin eher zurückhaltende Joseph Ratzinger anzutreffen, der sich von da an der Organisation mehr und mehr öffnete, bis er dann, wie geschildert, 1998 seine Umkehr vollzog.

Und schließlich: Ein Jahr nach der Seligsprechung gab sich der rheinische Dominikanerpater Ambrosius Eßer, der Generalrelator, als Escrivá-Fan zu erkennen. Zwar war bekannt, dass er unnachgiebig Druck gemacht hatte, damit Escrivá selig gesprochen werde. Aber erst jetzt wurde seine Parteinahme offenkundig: Er schrieb für ein Buch, das von zwei Priestern des Opus Dei herausgebracht wurde und das sich mit dem neuen Seligen beschäftigte, als einziges Nichtmitglied des Opus Dei einen Beitrag.[126] In einer regelrechten Hymne sah er den neuen Seligen bereits als Heiligen und stilisierte ihn zum Retter der Kirche empor. Im zentralen Absatz über das »Generalthema Josemarías«, wie er ihn vertraulich beim Vornamen nannte, legte Eßer dar: Escrivás »Wiederentdeckung der Heiligkeit als Berufung für alle Christen« ziele darauf, dass »die große Mehrheit« der Christen nicht »getrost ein Leben im Sumpf fauler Kompromisse mit Ideologien, Moden und Zeitlastern führen könnten. Das wäre wohl ganz im Sinne der kirchenfeindlichen Mächte des Liberalismus, der Freimaurerei, des sogenannten Antiklerikalismus usw. Alle diese Kräfte würden die Abschaltung eines so großen Teils von der religiös-spirituellen Kraft der Kirche begrüßen. Die Infiltration weiter katholischer Massen mit dem Geist dieser Welt, der sich heute vor allem in den weithin zum Selbstzweck gewordenen Massenmedien zeigt – nicht umsonst hatte Marshal McLuhan gesagt: ›The Medium is the Message‹ –, bedingt die praktische innere und äußere Wehrlosigkeit der Kirche gegenüber antikirchlichen, antipäpstlichen und antireligiösen Kampagnen.«[127]

Nun war es sonnenklar: Anlass und Ziel der Seligsprechung hatten eher mit Kirchenpolitik als mit »Heiligenverehrung« und »Volksfrömmigkeit« zu tun – eher mit religiöser und gesellschaftlicher Macht der Kirchenleitung als mit dem Glauben des Kirchenvolkes. Umso energischer nahmen die Freunde des Opus Dei im Vatikan nun auch das Ziel in Angriff, den seligen Josemaría zu einem Heiligen zu machen. Zehn Jahre danach war es so weit: Nachdem der Papst ein zweites Heilungswunder, das auf Anrufung Escrivás erfolgt sei, im Dezember 2001 anerkannt hatte, wurde der Termin seiner Heiligsprechung auf den 6. Oktober 2002 festgelegt: Die Testphase der Apostolatswaffe konnte erfolgreich abgeschlossen werden, und das Opus Dei begann, sich auf seine neue Rolle in der katholischen Weltkirche einzustellen, wie Anfang April 2002 zwei deutsche Besucher in der Villa Tevere, dem Hauptquartier des Opus Dei, erfuhren. Auf dem Weg zum Grab Escrivás erwähnte ihre Begleiterin, die Mexikanerin Fabiola, zur Seligsprechung seien nur 300 000 Pilger gekommen. Im Oktober aber werde das Opus Dei zwei Wochen lang feiern und eine Million Menschen nach Rom bringen.

4. KAPITEL

Hinter den Mauern des Schweigens

Das Opus Dei teilte 1979 dem Heiligen Stuhl mit, es habe in »87 Nationen« insgesamt »72 375 Mitglieder«.[128] Das Geheimschreiben wurde gegen seinen Willen bekannt. Seitdem wird häufig berichtet, das Opus Dei gebe es in 87 Ländern. Doch diese Information ist unrichtig. Damals war die Personalprälatur nur in 43 Ländern errichtet, heute sind es 60.

Während diese Zahlen belegbar sind, lassen sich die Mitgliederzahlen, die das Opus Dei und mit ihm das Päpstliche Jahrbuch veröffentlicht, von Außenstehenden nicht nachprüfen. Denn einen Einblick in seine Personalkarteien gewährt das Opus Dei nicht.

Zwar behauptet es, es sei kein Geheimbund. 1986 verhinderte Oscar Luigi Scalfaro, der damalige italienische Innenminister und spätere Ministerpräsident, im Zusammenspiel mit dem Opus Dei und dem Vatikan, dass das italienische Parlament das Opus Dei als eine Geheimorganisation kennzeichnete.[129] Mitte der Neunziger überraschte die Prälatur sogar mit der Meldung, sie gehe ins Internet und gebe allgemein Auskunft über sich. Manche folgerten daraus, die Zeiten der Geheimhaltung seien passé.

Im Internet hieß es außerdem, die etwa 50 Informationsbüros des Opus Dei in den einzelnen Ländern würden gern Auskunft geben. Deshalb hat, als ich 1997 in Frankreich mit den Vorbereitungen für ein Buch über das Opus Dei[130] begann, der katholische Verlag Golias an sämtliche im Internet angegebenen Fax-Adressen der Informationsbüros einen Fragenkatalog geschickt, damit ich eine möglichst exakte Gesamtbewertung der Ausbreitung und der Macht des Opus Dei vornehmen könne.

Das Frageraster, das jedes einzelne der etwa 50 Informationsbüros in einem persönlichen Schreiben entweder auf Englisch, Französisch, Deutsch oder Spanisch mit der Bitte um Beantwortung erhielt, war gleich lautend:

- Wie viele Mitglieder hat das Opus Dei in (Land jeweils eingetragen)?
- Wie viele davon sind Priester?
- Wie viele Priester gehören in (Land) der Priesterlichen Gesellschaft vom Heiligen Kreuz an?
- Wie viele Mitarbeiter hat das Opus Dei in (Land)?
- In welchen Orten (Städten und Gemeinden) in (Land) gibt es Zentren der Personalprälatur?
- In welchen Orten (Städte und Gemeinden) gibt es in (Land) Korporative Werke des Opus Dei?

Dem Schreiben nach Italien wurde noch hinzugefügt: Wie viele Mitglieder des Opus Dei sind im Vatikan tätig?

Mein Frageraster hielt sich genau an die ideologischen Vorgaben des Opus Dei: Nach Stiftungen, Banken usw. habe ich erst gar nicht fragen lassen, weil die Personalprälatur behauptet, sie habe damit nichts zu tun; diejenigen, die darüber Auskunft haben wollten, seien Ignoranten, weshalb man ihnen nicht antworte.

Das Ergebnis war eindeutig: Absolutes Schweigen. Kein einziges der etwa 50 Büros hat geantwortet. Zufall? Oder deutet es nicht doch darauf hin, dass die Geheimhaltung immer noch durchgängige Praxis des Opus Dei ist?

In der Tat gibt das Werk auch heute nur preis, was es mitteilen möchte oder was bereits gegen seinen Willen herausgekommen ist. Ein Autor, der Angaben überprüfen oder vertiefen möchte und überhaupt weitere Informationen benötigt, um zu einer sachgerechten Bewertung dieser kirchlichen Organisation zu kommen, stößt, wenn er nicht zu ihren Freunden oder Sympathisanten gehört, auf eine Mauer weltweiten Schweigens.

Deshalb können die Daten in diesem Kapitel (und seinem Anhang) nicht vollständig sein. Sie beruhen auf den spärlichen Informationen, die das Opus Dei publiziert, die von ehemaligen Mitgliedern kommen oder auf meinen Recherchen und langjährigen Beobachtungen der Opus-Dei-Szenerie.

Die drei Opus-Dei-Ebenen

Um das generalstabsmäßig organisierte Gebäude des Opus Dei zu durchschauen und seinem Einfluss in einem einzelnen Land oder in einer Ländergruppe auf die Spur zu kommen, ist es notwendig, sich die Einrichtungen und Tätigkeiten auf den drei Ebenen vor Augen zu führen, auf denen Mitglieder des Opus Dei wirken:

1. Ebene: Die Personalprälatur

Das Opus Dei ist eine Personalprälatur, deren rechtliche Struktur im katholischen Kirchenrecht (CIC) bzw. im Sonderrecht des Opus Dei (Codex particularis Operis Dei) beschrieben ist. Es wird nicht in einem Staat, sondern in einer Diözese errichtet. Der Diözesanbischof muss die Erlaubnis geben. Sie wird in der Regel selbst von Bischöfen, die dem Opus Dei kritisch oder ablehnend gegenüberstehen, erteilt, weil sie sonst wohl Ärger mit dem Heiligen Stuhl bekommen würden. Dann gründet das Opus Dei in einer Stadt ein Zentrum und kann sich durch die Errichtung weiterer Zentren in dieser Diözese ausdehnen. In der Regel werden in jeder Stadt, in der das Opus Dei tätig wird, gleich zwei Zentren gegründet: eins für die Männer, eins für die Frauen.

Die Zentren innerhalb eines Staates oder einer staatenübergreifenden Region haben eine Zentrale mit den rechtlich vorgesehenen Kommissionen und Räten, getrennt nach Männern und Frauen. An der Spitze der Region steht ein Priester (»Regionalvikar«). Er wird von der Regionalkommission beraten, der – laut Codex des Opus Dei – nur zölibatäre Männer angehören dürfen. Die Regionalvikare unterstehen der römischen Leitung des Opus Dei. Wenn das Opus Dei in einem Staat mitgliederstark ist, werden außerdem noch kleinere Einheiten (»Delegationen«) geschaffen. In »Delegationen« werden auch Staaten zusammengefasst, in denen das Opus Dei schwach ist oder gar nicht existiert. So wurden 1997 die »Delegatio Scandinaviae« (Schweden, Norwegen und Dänemark) sowie die »Delegatio Nationum Balticarum« (Litauen, Estland, Lettland und Finnland) gegründet.

In einer Diözese, in der das Opus Dei kirchenrechtlich nicht errichtet ist, aber arbeiten möchte, werden »Stützpunkte« gebildet. In der Regel werden sie dann von einem Priester aus einer Nachbardiözese oder einem Nachbarland betreut.

Das einzelne Mitglied des Opus Dei ist einem bestimmten Zentrum zugeordnet. Dort erhält es die religiöse Unterweisung zur Alltagsheiligung. Praktisch wird ihm außerdem seine Aufgabe in den Apostolischen bzw. Korporativen Vereinigungen, möglicherweise auch eine berufliche Tätigkeit in einer Anwaltskanzlei, an einer Schule, in Stiftungen, Industrieunternehmen, Banken usw. zugewiesen – gemäß einem Wort Escrivás, wonach das Mitglied in seinem Apostolat nur »Befehlsempfänger« sei: »Initiativen. – Du sollst sie in deinem Apostolat innerhalb der Grenzen des dir Aufgetragenen entwickeln. Wenn sie über diese Grenzen hinausgehen oder du im Zweifel bist, dann frage deinen Vorgesetzten, ohne deine Gedanken einem anderen mitzuteilen. Behalte stets im Auge, dass du nur ein Ausführender bist.«[131]

2. Ebene: Apostolische bzw. Korporative Werke

Ist die erste Ebene grundgelegt, wird auf ihr die zweite Ebene errichtet: das Apostolat, das die Mitglieder in der Gesellschaft zu verrichten haben.

Die Organisationen, die von Mitgliedern gegründet werden, haben formalrechtlich nichts mit dem Opus Dei zu tun und tragen neutrale Namen, in denen das Wort »Opus Dei« nicht vorkommt. Im Begleittext der Institutionen heißt es meist nur: »Die geistliche Betreuung der Einrichtung ist dem Opus Dei, einer Personalprälatur der katholischen Kirche, anvertraut.« Aber praktisch dienen sie dem Opus Dei.

In der Regel beginnt das Apostolat eines Landes im universitären Bereich des Staates. An Gymnasien und Universitäten rekrutiert das Werk offenbar die meisten künftigen Mitglieder. Im Endzustand umfasst diese zweite Ebene (ebenfalls getrennt für Männer und Frauen):

- Studienzentren und Universitätszentren; Studentenwohnheime für Mitglieder und für Nichtmitglieder, die für das Opus Dei gewonnen werden sollen;
- lokale oder regionale Bildungszentren bzw. Kulturzentren, die meist mit den Zentren der Prälatur identisch sind. Ihnen sind in der Regel Jugendclubs angeschlossen, die unter anderem der Werbung von Aspiranten unter Schülern und Gymnasiasten (neuerdings intern »Numerarier-Kinder« genannt) dienen;
- regionale oder landesweite Bildungseinrichtungen:

– Ausbildungsstätten für Mitglieder und Mitarbeiter; hier absolvieren Mitglieder ihre jährlichen Kurse; Treffen mit Sympathisanten oder Kongresse finden statt;
– Schulen, wissenschaftliche Institute und Universitäten;
– Ausbildungshäuser für Frauen, besonders für Numerarierinnen-Hilfskräfte (»Hotelfachschulen« und »Haushaltungsschulen«). Die Hilfskräfte, die oft aus armen Familien der Entwicklungsländer stammen und auch in reichen Ländern eingesetzt werden, dienen ihr Leben lang dem Opus Dei – vor allem den zölibatären Männern –, indem sie die Hausarbeit verrichten.

Eine Einrichtung auf dieser korporativen Ebene hat in der Regel einen »Förderverein« oder einen »Freundeskreis«, der – entsprechend den Ländergesetzen – steuerfrei oder steuerbegünstigt arbeitet.

In vielen Staaten gibt es – getrennt für Männer und Frauen – zwei korporative Dachverbände, die alle apostolischen Aktivitäten bündeln und letztlich für die Finanzierung der einzelnen korporativen Werke verantwortlich sind. Sie besitzen, was dem Opus Dei offiziell nicht gehört, ihm aber dient: Grundstücke und Häuser, Immobilien und Kapital. Meist heißen sie: »Kulturelle Gemeinschaft«, »Kulturelle Gesellschaft«, »Studentische Kulturgemeinschaft« oder »Internationale Kulturvereinigung«. In Ländern, in denen das Opus Dei schwach ist, existiert nur ein einziger Dachverband, den Männer leiten. Falls die Frauen einen eigenen Verbund haben, pflegen Männer – vor allem in finanzieller Hinsicht – die Aufsichtsämter zu übernehmen.

Entsprechend ihrer formalrechtlichen Struktur lassen sich die Einrichtungen und Aktivitäten auf dieser zweiten Ebene nur »Opus-Dei-*nah*« nennen, wenngleich sie praktisch durch das Opus-Dei-Apostolat initiiert sind. Als »Opus-Dei-nah« können auch die Freunde und Sympathisanten eingeschätzt werden, die in Institutionen dieser Ebene mitwirken bzw. sie unterstützen.

Offenkundig gibt es aber auch Einzelfälle, in denen prominente Persönlichkeiten des öffentlichen Lebens – auf Grund der Satzungen solcher Vereinigungen – Führungsämter in ihnen übernommen haben, ohne deren Abhängigkeit vom Opus Dei zu kennen und ohne zu durchschauen, dass die Mehrheit der Leitungsmitglieder dem Opus Dei angehört.

Auf dieser Ebene siedeln einige länderübergreifende universitäre und wissenschaftliche Werke:

Der spanische Urtyp. Universidad de Navarra in Pamplona: Sie wurde 1952 durch Escrivá gegründet und hat auch Zentren in Barcelona, Madrid und San Sebastián. 1968 wurde ihr in Barcelona eine Business School (Instituto de Estudios Superiores de la Empresa, IESE) angeschlossen, in der Wirtschaftsexperten ausgebildet werden. Business-Institute wurden auch in Portugal, Mexiko, Peru und Argentinien errichtet.

Weitere Gründungen in Lateinamerika und auf den Philippinen. Sie wurden nach dem Vorbild der spanischen Universität im Spanisch sprechenden Teil Lateinamerikas gegründet, sind jedoch längst nicht so bedeutend: Mexico (Universidad Panamericana), Peru (Universidad de Piura), Kolumbien (Universidad de La Sabana), Chile (Universidad de Los Andes), Argentinien (Universidad Austral).

1995 folgte die erste Universität außerhalb dieses Bereiches: die *University of Asia and the Pacific (UA&P)* in der philippinischen Hauptstadt Manila. Auch der Katholizismus auf den Philippinen hat einen spanisch geprägten Hintergrund. Die Universität ging aus dem CRC, Center for Research and Communication, hervor, das ebenfalls nach dem Vorbild aus Pamplona gegründet worden war. Die Universität unterhält außer den ursprünglichen, weitgehend technischen Fächern vier graduierte Schulen: Wirtschaft, Erziehung, Management und Gesundheitswissenschaften. Sie will Fakultäten in Philosophie, Ingenieurwissenschaften und Technologie, Medienwissenschaften, Landwirtschaft, Recht und Politik für den gesamten südostasiatischen Raum aufbauen.

Gründungen in Rom. Die *Pontificia Università della Santa Croce* wurde zunächst 1990 als »Ateneo« in Rom errichtet. Es sollte vor allem das Priesterseminar sein, in dem das Opus Dei seine eigenen Priester und assoziierte Diözesanpriester, besonders aus Osteuropa, Afrika, Asien und Lateinamerika, ausbildet sowie Bildungskurse für Priester erteilt. Fakultäten waren von Anfang an: Theologie, Philosophie und Kirchenrecht. Dann kam auch Kommunikationswissenschaft hinzu. Vorläufer war das *Collegio Romano della Santa Croce* der *Universidad de*

Navarra, das 1984 in Rom entstand. 1995 wurde das Ateneo ein päpstliches Institut, 1998 die Päpstliche Universität des Opus Dei.

Das *Libero Istituto Universitario Campo Bio-Medico* in Rom wurde 1993 von Mitgliedern und Freunden des Opus Dei als medizinische bzw. bioethische Fakultät eröffnet. Es bündelt die weltweiten Kontakte und Aktivitäten im Bereich der Medizin, Bioethik und Sexualitätsprobleme und begleitet sie theoretisch. Studenten können ein Diplom in »Wissenschaften der Krankenhauspflege« erwerben.

3. Ebene: Das Netz aus Banken und Stiftungen

Während die »Kulturgemeinschaften« gewöhnlich Aufgaben innerhalb eines Staates wahrnehmen, wirken die Stiftungen der dritten Ebene meist international. Das Opus Dei bestreitet zwar, dass es etwas mit dieser Ebene zu tun habe; und im Unterschied zur zweiten Ebene übernimmt die Prälatur nicht einmal die »geistliche Betreuung«, so dass sie in Publikationen dieser Ebene überhaupt nicht in Erscheinung tritt. Ihre Einrichtungen sind kaum aufzuspüren, weil auch die Identitäten der Opus-Dei-Mitglieder meist verhüllt sind. Gleichwohl ist auch diese Ebene von der Prälatur intendiert, wie sich aus dem internen »Vademecum für die Sitze der Zentren« ergibt: »Um zum Unterhalt jeder Apostolatsarbeit beizutragen, gründet man, falls notwendig, eine Stiftung – mit oder ohne eigene Rechtspersönlichkeit –, die das eventuelle Defizit durch Schenkungen deckt.«[132] Die dritte Ebene ist so geschickt in das Gesamtgebäude installiert, dass man sie kaum als Mitglied und Sympathisant, noch seltener als Außenstehender wahrnimmt. Personell sind Institute dieser Ebene gelegentlich mit Banken, Treuhand-Unternehmen und Industrie-Einrichtungen verbunden, aber auch untereinander. Manchmal sind sie mit der zweiten Ebene verkoppelt.

Es ist kaum möglich, dieses Netz umfassend zu recherchieren. Um finanziellen Unternehmungen auf die Spur zu kommen, wäre es erforderlich, Einrichtungen in jedem einzelnen Land zu enttarnen und einen Überblick über ihre internationale Tätigkeit zu erhalten. Dabei ergeben sich erhebliche Schwierigkeiten, wenn zweckgebundene Spenden oder öffentliche Zuschüsse, die von den Einrichtungen veranlasst sind, direkt an ausländische Opus-Dei-Projekte geleitet werden können: Falls jemand Einblick – zum Beispiel in einen Stiftungsetat – nehmen könnte und so zu einer Bewertung kommen möchte, müsste er wissen, ob und inwieweit die Projekte durch das Opus Dei veranlasst sind und ob die entsprechenden internationalen Tätigkeiten bzw. Kapitalbewegungen laut den juristischen Vorschriften des Landes überhaupt aufgeführt werden müssen.

Nach außen erweckt die Prälatur den Eindruck, dass sie mit den gesellschaftlichen Tätigkeiten ihrer Mitglieder und Sympathisanten nichts zu tun habe. Escrivá behauptete, das Werk sei ein »übernatürliches Unternehmen«,[133] das keine weltlichen, erst recht keine politischen Ambitionen habe.[134] Es stelle dem Mitglied das geistliche Rüstzeug für Alltag und Beruf zur Verfügung. Sein Beruf aber sei seine Privatsache, in die es sich nicht einmische. Als geistliche Einrichtung diene sie dem *übernatürlichen* Wohl des Mitglieds. So werden Mitglieder in eine geistliche und weltliche Hälfte aufgespaltet.

Auf dieser Grundlage tritt das Werk Escrivás im juristisch-formalen Sinne nie selber als Träger auf. Tätig werden vielmehr einzelne Personen, die durchaus für das religiös-geistliche Opus Dei und in seinem Sinne wirken. Aber ihre Beziehungen zum Opus Dei bleiben der Öffentlichkeit in der Regel verborgen, weil sie ja als Privatpersonen tätig seien, nicht aber im Auftrag des Opus Dei. Aus diesem Grunde kann die Organisation juristisch nie für die Tat eines Mitglieds verantwortlich gemacht werden. Sie ist praktisch unangreifbar und kann sich, auch bei politischen oder finanziellen Untaten eines Mitglieds, als unbeteiligt ausweisen, selbst wenn es ihr zuvor dadurch genutzt haben sollte.

Die Aufbauphasen des weltweiten Opus Dei

Vor dem gezeichneten internationalen Hintergrund nun zum Aufbau und zur Ausbreitung des Opus Dei in den 60 Staaten der fünf Erdteile, in denen es als kirchliche Personalprälatur errichtet ist.

1. Phase: 1943-1950. 15 Jahre nach seiner Gründung in Spanien lässt sich das Opus Dei im Nachbarland Portugal nieder. Nachdem es sich 1946 in Rom, im Herzen der katholischen Weltkirche, angesiedelt hat, beginnen der Ausbau in Westeuropa, der Brückenschlag in die USA und in die spanisch geprägten Länder Lateinamerikas.

2. Phase: 1951-1965. Das Opus Dei ist nun ein päpstlich anerkanntes Säkularinstitut. Die Etablierung in Westeuropa wird in Belgien vollendet. Gleichzeitig folgt die Festigung in Lateinamerika. In Afrika, Asien, Australien werden Brückenköpfe errichtet. In Spanien beginnt der Aufbau wissenschaftlicher Institute und korporativer Werke.

3. Phase: 1966-1981. Weiterer Ausbau auf der begonnenen Basis, vor allem in Afrika und Asien. Da die weltweiten Aktivitäten eine große Menge Kapital verschlingen, werden Stiftungen gegründet, die mit Banken und korporativen Werken zu einem Finanzsystem verknüpft werden.

4. Phase: 1982-1989. Das Opus Dei ist jetzt eine Personalprälatur der katholischen Kirche. Nun werden gezielt Staaten anvisiert, die kein katholisch geprägtes Milieu haben – Mitte der achtziger Jahre: skandinavische Länder, Taiwan ...

5. Phase: 1989 bis heute. Nach der osteuropäischen Wende 1989 geht das Opus Dei sofort nach Polen, weitere osteuropäische Länder folgen. Der erste Stützpunkt im Innern der ehemaligen Sowjetunion wird Kasachstan. Durch Zentren in Hongkong und Macau existiert das Opus Dei seit 1997 auch in China.

Spurensuche vor Ort

Die folgende Länderübersicht versucht, der geschilderten Geheimhaltung der Informationsbüros zum Trotz die wichtigsten Informationen über das Opus Dei in den 60 Staaten zu präsentieren. Die Daten aus den nicht deutschsprachigen Staaten finden sich im Anhang 4 (s. S. 132 ff.).

Bischöfe werden nur genannt, sofern sie »im Dienst« sind, dem Klerus der Prälatur Opus Dei angehören, in korporativen und ähnlichen Organisationen mitarbeiten und sofern in dem betreffenden Staat kein Kardinal oder Erzbischof als Opus-Dei-nah bekannt ist. Bischöfe und Kardinäle erhalten jeweils eine von drei Ziffern: 1 = Mitglied des Opus Dei; 2 = Mitgliedschaft in Vereinen u. Ä., die von Mitgliedern des Opus Dei gegründet bzw. geleitet werden sowie Zusammenarbeit mit ihnen; 3 = Anhänger Escrivás und Förderer des Opus Dei.

Ein Oberhirte, der unter Ziffer 2 und 3 genannt wird, könnte auch Mitglied der Priestergesellschaft vom Heiligen Kreuz sein.

Im Unterschied zur Mitgliederzahl im Päpstlichen Jahrbuch (knapp 85 000) kommen meine Berechnungen und Schätzungen nur auf etwa 70 000. Leider ist die Angabe im Annuario Pontificio wegen der Geheimhaltungspraxis des Opus Dei nicht nachprüfbar.

Deutschland: Beginn 1952; 600 Mitglieder
Zentren und Stützpunkte in: Aachen, Augsburg, Berlin, Bonn, Dresden, Düsseldorf, Essen, Ettal, Euskirchen, Frankfurt am Main, Freiburg, Hamburg, Heidelberg, Hildesheim, Jülich, Kevelaer, Köln, München, Münster, Osnabrück, Solingen, Starnberg, Stuttgart, Trier.
Mitglieder und wichtige Sympathisanten: Reinhard Lettmann (2), Bischof von Münster; Joachim Meisner (2), Kardinal, Erzbischof von Köln; Joseph Ratzinger (2), Kurienkardinal (Rom); Leo Scheffczyk (2), Kardinal, Leitungsmitglied des »Forums Deutscher Katholiken«; Johannes Joachim Degenhardt (3), Kardinal, Erzbischof von Paderborn; Friedrich Wetter (3), Kardinal, Erzbischof von München. – Erzherzog Otto von Habsburg-Lothringen (CSU), Politiker; Norbert Geis, Bundestagsabgeordneter (CSU); Alois Graf Waldburg-Zeil, Bundestagsabgeordneter (CDU); Aribert Wolf, Bundestagsabgeordneter (CSU).
Korporative Werke: Studentische Kulturgemeinschaft (m) und Berlin-Brandenburger Kulturverein; Deutsch-Internationaler Kulturverein (w)
Stiftungen: Rhein-Donau-Stiftung (München/Köln); FWM-Stiftung (Berlin).
Banken und Industrie-Unternehmen, die im Zusammenhang mit Opus-Dei-nahen Organisationen genannt werden: Dresdner Bank; Bayerische Vereinsbank; Volksbank Hopsten; Thyssen AG; Rheinstahl AG; Krupp AG; Bayer Leverkusen AG; Madaus; Johann Borgers GmbH.
Kulturzentren: m: Erk (Aachen); Althaus (Bonn); Am Lakfeld (Düsseldorf); Rüttenscheid (Essen); Am Städel (Frankfurt); Maarhof (Köln); Weidenau (München); Widenberg (Münster); Fausenburg (Trier). – w: Heristal (Aachen); Isenburg (Essen); Zieglerhof (Ettal); Wiara (Köln); Aurach (München); Hogesteg (Münster); Altor (Trier).
Einrichtungen für StudentInnen: Studentisches Kulturzentrum Welrich (w Bonn); Studentenheim Althaus (m Bonn); Studentenheim Schweidt

(m Köln); Studienzentrum Schackstraße (m München); Kulturtreff Werdenfels (w München).
Wissenschaftliche Einrichtung: Lindenthal-Institut (Köln).
Bildungszentren: Haus Hardtberg (m Euskirchen-Kreuzweingarten); Zieglerhof (w Ettal)
Schulen für Frauen bzw. Hilfs-Numerarierinnen: Hauswirtschaftliche Bildungsstätte Müngersdorf – in Verbindung mit dem Bildungszentrum Schweidt und der Hauswirtschaftlichen Bildungsstätte Sonnenfeld (Köln); Zieglerhof (Ettal); Hauswirtschaftliche Bildungsstätte Kreuzweingarten (Euskirchen).
Institute und Vereine: Institut für Elternbildung (EB); Fördergemeinschaft für Schulen in Freier Trägerschaft; Internationaler Mariologischer Arbeitskreis, IMAK; Mariologisches Institut Kevelaer; Internationaler Priesterkreis; Arbeitskreis Theologie und Katechese, Köln-Freiburg; Priesterausbildungshilfe e.V.

Liechtenstein: Beginn 1956; etwa 10 Mitglieder
Wichtige Sympathisanten: Wolfgang Haas (2), Erzbischof von Vaduz. – Nikolaus von und zu Liechtenstein, Botschafter beim Heiligen Stuhl; Josef Seifert, Rektor der Internationalen Akademie für Philosophie im Fürstentum Liechtenstein (IAP).

Österreich: Beginn 1957; 400 Mitglieder
Zentren in: Dornbirn, Feldkirch, Graz, Innsbruck, Linz, Markt Piesting, Salzburg, Wien.
Wichtige Mitglieder und Sympathisanten: Klaus Küng (1), Bischof von Feldkirch; Georg Eder (2), Erzbischof von Salzburg; Christoph Schönborn (3), Kardinal, Erzbischof von Wien; Donato Squicciarini (3), Titular-Erzbischof, Apostolischer Nuntius. – Herbert Schambeck, ehemaliger Präsident des Bundesrates; Vinzenz Liechtenstein, Abgeordneter.
Korporative Werke: Österreichische Kulturgemeinschaft mit Verein GFB
Bank mit Verbindungen zu Opus-Dei-nahen Institutionen: Bankhaus Schelhammer & Schatterer.
Kulturzentren: m: Am Petersplatz (Wien); Kroisegg (Graz); Juvavum (Salzburg); Römerberg (Linz); Sillgraben (Innsbruck) – w: Stubentor (Wien); Geidorf (Graz); Hallsteg (Salzburg); Stockhof (Linz); Angerfeld (Innsbruck).

Einrichtungen für StudentInnen: Birkbrunn (m), Währing (w) (beide Wien); eine Abteilung der Katholischen Studentengemeinde in Wien unter der Leitung eines Opus-Dei-Priesters (Karlskirche).
Bildungsstätte: Internationales Tagungs- und Bildungszentrum Hohe Wand (Dreistetten/Markt Piesting).
Schule: Schule für Familienhelferinnen, Dreistetten.
Schulen für Frauen bzw. Hilfs-Numerarierinnen: Fortbildungszentrum für die Frau, Buchenau Wien; Schule für Haushaltsberufe, Dreistetten.
Institute und Vereine: GFO – Gesellschaft zur Familienorientierung; Club Belvedere, Institut für kulturelle und wissenschaftliche Zusammenarbeit; IMABE – Institut für medizinische Anthropologie und Bioethik.

Schweiz: Beginn 1956; etwa 300 Mitglieder
Zentren in: Basel, Bern, Freiburg, Genf, Lausanne, Lugano, Sitten, Zürich.
Wichtige Sympathisanten: Amédée Grab (3), Bischof von Chur; Kurt Koch (3), Bischof von Basel. – Philipp de Weck, Bankier; Alfred Wiederkehr, Bankier; Ueli Maurer, Präsident der Schweizerischen Volkspartei (SVP); Pirmin Zurbriggen, Sportler.
Korporative Vereinigung: Kulturgemeinschaft Arbor-Société Culturelle Arbor (Zürich).
Stiftungen: Limmat-Stiftung; Stiftung Antonio Zweifel; Inter-Alpha-Holding (alle Zürich); Fondation du Léman (Grand-Lancy).
Banken und Industrieunternehmen mit Verbindungen zu Opus-Dei-nahen Einrichtungen: Schweizerische Bankgesellschaft; Banco di Roma per la Svizzera; Nordfinanzbank Zürich; Banco Popular Espanol Genf.
Kulturzentren: Fluntern (m Zürich); Oberstrass (w Zürich); Le Rocher (w Genf).
Bildungsstätte: Tagungszentrum Tschudiwiese (Tannenheim-Flumserberg).
Einrichtungen für StudentInnen: Fluntern (m Zürich); Studentenhaus Allenmoos (m Zürich); Studentinnenheim Sonnegg (w Zürich); Studentinnenheim Oberstrass (w Zürich); Résidence universitaire Carouge (w Genf); Résidence universitaire Champel (m Genf); Studentenheim Foyer Bel-Praz (m Freiburg).

Schule für Frauen, Haushaltungsschule für Hilfs-Numerarierinnen: Lehrbetrieb für Hotelberufe Sonnegg (Zürich).
Institute und Vereine: Schweizerische Gesellschaft für Bio-Ethik; Gesellschaft für Familie und Erziehung (Zürich); Fondation Internationale de la Famille (IDF).

Luxemburg: In Luxemburg ist das Opus Dei als Personalprälatur nicht errichtet. Mitglieder des Opus Dei werden von Belgien und Deutschland aus betreut. Erzbischof Fernand Franck ist Mitglied im Präsidium des »Internationalen Mariologischen Arbeitskreises Kevelaer (IMAK)«, der von Priestern des Opus Dei geführt wird.

Erwägungen über Verbreitung und Macht des Opus Dei

1. 1946 hat die Organisation ihr Zentrum zwar nach Rom verlegt, trotzdem ist sie spanisch geblieben. Fast die Hälfte ihrer Mitglieder sind Spanier. Etwa 20 Prozent leben in den Spanisch geprägten Ländern Lateinamerikas. Besonders stark ist der Anteil in Mexiko, dem wohl spanischsten Land in Lateinamerika. Dagegen wohnt im Portugiesisch orientierten Brasilien zwar etwa jeder zweite Katholik Lateinamerikas, aber dort hat das Opus Dei nur etwa 1000 Mitglieder.
2. Weitere 20 Prozent leben in nicht Spanisch geprägten, aber katholischen Staaten: Portugal und Irland, den Philippinen und besonders Italien. Von den restlichen 10 Prozent der Mitglieder des Opus Dei finden wir fast alle in denjenigen Staaten der Welt, die in irgendeiner Weise durch das Christentum beeinflusst sind. In großen Teilen Afrikas und Asiens, aber auch in Russland ist das Opus Dei nicht errichtet.
3. In gemischt-konfessionellen bzw. nichtkatholischen Ländern, in denen das Opus Dei nur schwach ausgeprägt ist, hat seine Anwesenheit – besonders in europäischen Staaten – dennoch große Bedeutung. Denn durch Mitglieder in Apostolischen Werken und Stiftungen, aus Industrie und Erbadel, aus Kommunen und Staaten, aus supranationalen Einrichtungen wie EU und UNESCO werden Milliardenbeträge gewonnen, die für den Unterhalt der Opus-Dei-Institutionen, den weiteren Aufbau der Personalprälatur in der so genannten Dritten Welt, für ihre Machterweiterung und die Forcierung kirchenpolitischer Ziele eingesetzt werden können.

4. Die kirchliche Macht des Opus Dei erklärt sich teilweise aus vatikanischen Koordinaten: Die Politik des Heiligen Stuhles ist stark durch seine italienische »Heimat« wie durch den Blick auf Spanien und Lateinamerika bestimmt. In diesen Ländern hat das Opus Dei auch gesellschaftlichen Einfluss. Kräfte im Vatikan setzen auf das mobile Corps als ihre Sklavenschaft,[135] die ihnen gern zu Diensten ist. Aber das Angebot hat auch seinen Preis: Mehr und mehr werden diese Kräfte von Mitgliedern des Opus Dei durchsetzt und ersetzt.

5. In den nichtspanischen, besonders nichtkatholischen Staaten ist der Einfluss des Opus Dei meist geringer, als vielerorts spekuliert wird. Mit dem Rückgang der Kirchlichkeit, aber auch mit der Abnahme der Militärdiktaturen in Lateinamerika, vor allem in Chile und Peru, geht der Einfluss des Opus Dei darüber hinaus allgemein zurück. Bei der Frage, ob das Opus Dei als Organisation politische Macht überhaupt anstrebe, ist zu bedenken, dass es eine religiöse Institution ist. Ihr Hauptziel ist es, die Mitglieder zu befähigen, im Alltag christlich zu leben und »ihre Seelen zu retten«. Die Mittel, die zu diesem Ziel führen sollen, sind kein Selbstzweck – auch nicht die angestrebte »christianisierte« bzw. »katholisierte« Gesellschaft. (Vgl. dazu S.124 f.)

5. KAPITEL

Ein Werk bittet zur Kasse

Offenbar haben korporative Gremien, Stiftungen und Mitglieder des Opus Dei hohe Fähigkeiten, prominente Sympathisanten und öffentliche Subventionen für die apostolische Arbeit des Opus Dei zu gewinnen. Louis Schweitzer, Präsident des Automobilkonzerns Renault, gehört zu den Freunden und Werbern des *Kulturzentrums Garnelles,* dem korporativen Bildungszentrum in Paris.[136] Der Präsident der nationalkonservativen schweizerischen Volkspartei (SVP), Ueli Maurer, sitzt im Patronat der Zürcher *Limmat-Stiftung*.[137] Im englischen Ipswich war der inzwischen verstorbene Alt-Schauspieler Sir Alec Guinness der Schirmherr eines korporativen Jugendclubs.[138] In Deutschland fungiert der CSU-Bundestagsabgeordnete Aribert Wolf als Präsident der *Rhein-Donau-Stiftung*.[139] In Italien ist Guilio Andreotti, der wie kein anderer die Politik seines Landes in den vergangenen Jahrzehnten geprägt hat, dem zentralen korporativen Werk des Opus Dei verbunden.

Befragt, hätten vielleicht alle fünf gesagt, dass sie nur Institutionen zur Verfügung stehen, in denen unter anderem auch Mitglieder des Opus Dei tätig seien. Beispielsweise erklärte Wolf, die Rhein-Donau-Stiftung habe mit dem Opus Dei nichts zu tun.[140]

Doch so harmlos ist die Wirklichkeit nicht: Die Rhein-Donau-Stiftung wurde von Mitgliedern des Opus Dei initiiert. Und Gründer Escrivá legte in seinem Hauptwerk »Camino« klar fest, dass seine Gefolgsleute beauftragt werden, ihre apostolischen Initiativen gegenüber ihren Vorgesetzten zu verantworten und gegenüber allen anderen Menschen zu schweigen.[141]

In Werken und Stiftungen, die Mitglieder des Opus Dei initiiert haben, besitzen sie die Mehrheit in den Entscheidungsgremien, zum Beispiel im Vorstand[142] der Rhein-Donau-Stiftung. Ohne ihre Zustimmung kann nichts laufen. Meist suchen sie sich einen Präsidenten, der zwar ihrer Organisation nicht angehört, aber sie nach außen wirkungsvoll unterstützt. In diesem Sinne äußerte Wolf, als Präsident der Rhein-Donau-Stiftung stelle er Kontakte zu deutschen Bundesbehörden und zur Europäischen Union her.[143]

Auf der Suche nach repräsentativen Aushängeschildern war das *Centre Garnelles* in den neunziger Jahren des vergangenen Jahrhunderts besonders erfolgreich. Wie in allen Zentren des Opus Dei wurde es von drei Laien (Direktor, stellvertretender Direktor, Sekretär) geführt. Der Priester Philippe Jourdan als ranghöchstes Mitglied hielt sich im Hintergrund. Der Numerarier François Gondrand, Pressesprecher des Opus Dei in Frankreich, fungierte als Direktor. In seinem weltlichen Beruf war er Direktor für Kommunikation bei *C.N.P.F. (Conseil national du patronat français)*. Als solcher hatte er beste Kontakte in Wirtschaft, Industrie und Wissenschaft. Um das Centre Garnelles und in seinem Freundeskreis *(Comité des amis de Garnelles)* sammelten sich hochkarätige und einflussreiche Leute – außer Schweitzer zum Beispiel Henri Pradier, ehemaliger Präsident der *Shell France* und heute Leiter der französischen Werke des Souveränen Malteserordens, Louis Deny, ehemaliger Vizepräsident der *Total-C.F.P.*, Claude Bébéar, Präsident der *Gruppe AXA*, Kommandant Robin, einer der ersten Piloten der »Concorde«.[144]

Träger des Zentrums ist offiziell die *Sopec* (Société de patrimoine éducatif et culturel), die von Mitgliedern des Opus Dei beherrscht wird. Beim Freundeskreis liefen Spendengelder ein, die der Arbeit des Opus Dei dienten. Doch vielleicht waren die Kontakte zu den Freunden, die zu Informationen, gesellschaftlichem Einfluss und im einen oder anderen Fall sogar zu einem Eintritt in das Opus Dei führten, noch interessanter.

Wussten alle Prominenten eigentlich, wozu sie gebraucht wurden? Überall, wo das Opus Dei wirkt, gilt: Längst nicht allen auserwählten Repräsentanten scheint die Rolle, die sie spielen, bekannt zu sein. So enthüllte im Januar 2002 die schweizerische Zeitung *Blick:*[145] Der internationale Fußballverband *FIFA* hatte 2001 zusammen mit der Limmat-Stiftung, einem schweizerischen Pendant der Rhein-Donau-Stiftung, eine Sportanlage für Straßenkinder in Kolumbien finanziert. Kolumbianischer Partner war offensichtlich ebenfalls ein Werk des Opus Dei. Der FIFA war diese Option, jedenfalls nach ihrer Aussage, unbekannt. Ja, der Generalsekretär der FIFA, Michel Zen-Ruffinen, der mit mehreren Politikern, Sportlern und Wirtschaftsbossen – darunter der schon genannte SVP-Präsident Maurer und der ehemalige Hochkommissar für das Flüchtlingswesen der UNO, Jean-Pierre Hocké – im Patronatskomitee der Limmat-Stiftung saß, wusste offenbar nicht, wem er zu Diensten war. Zwar hob der Geschäftsführer der Limmat-Stiftung, François Geinoz, gegenüber *Blick* hervor: »Wir haben alle Patronatsmitglieder informiert, dass einige unserer Lokalpartner mit dem Opus Dei zu tun haben.« Doch von Patronatsmitgliedern wurde diese Behauptung zurückgewiesen: Die Limmat-Stiftung habe sie nicht informiert. Umgehend nach der Enthüllung trat Zen-Ruffinen aus dem Patronatskomitee aus. Ein FIFA-Sprecher begründete gegenüber *Blick*, Zen-Ruffinen könne es sich nicht leisten, »in die Nähe der umstrittenen Organisation [Opus Dei] gerückt zu werden«. (S. auch S. 94 f.)

Ein ähnlicher Fall ist mir 1999 begegnet. Bei Recherchen über das *Programm »Eine Seele für Europa«* der Europäischen Kommission war ich darauf gestoßen, dass auch ein Projekt des *European Training Centre ETC* in Helsinki in das EU-Seelen-Programm aufgenommen worden war und Finanzmittel erhalten hatte. Das Zentrum war mir bekannt als korporatives Werk des Opus Dei, das sich bemüht, in den baltischen Staaten, besonders in Estland, und in Russland neues Terrain für das Opus Dei zu erschließen. Leiter des Zentrums, das auch in Estland arbeitet, ist das Opus-Dei-Mitglied Alexandre Harvard (Helsinki) aus einer französisch-russischen Familie. In Estland ist der Opus-Dei-Priester Philippe Jourdan, ehemals Priester des Pariser Zentrums Garnelles (s. S. 80), als kirchlicher Generalvikar und als Diplomat in der Päpstlichen Nuntiatur tätig.

Jourdan hatte auch an Harvards Opus-Dei-Projekt mitgewirkt, das in Finnland und Estland durchgeführt und von der EU subventioniert worden war. Harvard gehörte dann zu etwa 30 Personen aus der Europäischen Union, die nach Brüssel eingeladen wurden, um »unter anderem den Fortgang des Programms ›Eine Seele für Europa‹« zu erörtern. Nachdem ich den Opus-Dei-Zusammenhang in einer Rundfunksendung erwähnt hatte, protestierte Thomas Jansen, der Koordinator des

Programms »Eine Seele für Europa«, das dem Kommissionpräsidenten Prodi direkt unterstellt ist: »Ein sachlicher Zusammenhang« seines Progamms mit dem Opus Dei fehle »gänzlich«. Er unterstellte mir, ich wolle in Wirklichkeit die Europäische Kommission und die Katholische Kirche in Misskredit bringen. Darauf habe ich ihm schriftlich Beweise übermittelt, wonach das European Training Centre von Mitgliedern der Personalprälatur Opus Dei gegründet worden sei und in Abhängigkeit von Leitern des Werks arbeite. Aber auch diese Informationen vermochten ihn offenbar nicht zu überzeugen.[146]

Ein delikater, fast skurriler Fall ereignete sich 1994 unter belgischer Beteiligung: Robert Urbain, Minister für Außenhandel in Belgien, ein nicht gerade frommer Sozialist, war in Buenos Aires mit Weihwasser besprengt worden – und zwar vom argentinischen Regionalvikar (= Leiter) des Opus Dei. Doch selbst da, so ließ er später die belgische Öffentlichkeit wissen, sei ihm nicht aufgegangen, dass er sich auf einer Veranstaltung eines korporativen Opus-Dei-Werkes befand und dass dem Opus Dei 15,6 Millionen BF der belgischen Steuerzahler zugeflossen seien. Auch Prinz Philippe, Ehrenvorsitzender des Belgischen Außenhandelsamtes, will von den Zusammenhängen mit dem Opus Dei nichts gewusst haben, wenngleich das belgische Königshaus hervorragende Beziehungen zur Prälatur unterhält.[147] Der Thronfolger hatte die Schule in Buenos Aires für das korporative Werk des Opus Dei eröffnet. Eine »arme, kleine Schule« hatte es sein sollen, aber sie steht, wie die meisten Einrichtungen des Opus Dei, in einem schicken Viertel.

Die belgische Zeitung *De Standard*[148] brachte die Sache ans Licht: Die Finanzierung sei durch die belgische Nichtregierungsorganisation *Actec* organisiert worden. Zwei Tage später berichtete *De Morgen:*[149] Actec hatte zu den Staatsgeldern von 15,6 Millionen BF lediglich 5,4 Millionen BF beigesteuert. Stéphane de Lovinfosse, Mitglied des Opus Dei, erklärte indes für Actec, sie sei keine Organisation des Opus Dei.

Die Angelegenheit schlug Wellen bis ins belgische Parlament. Dann brachte die Zeitung *Le Soir*[150] offizielle Regierungsauskünfte: Die belgische Regierung sei über Zusammenhänge mit dem Opus Dei nicht unterrichtet worden. Die belgischen Teilnehmer an der Veranstaltung in Buenos Aires könnten nicht verantwortlich gemacht werden. Aus den Informationen, die der belgischen Regierung vorlägen, ziehe sie aber den Schluss, dass sie nicht zu den Partnern des Opus Dei in Buenos Aires gehöre.

Aber warum, so hatten Medien erstaunt gefragt, hat dann der Regionalvikar des Opus Dei das Haus gesegnet? Dazu erklärte, ebenfalls laut Le Soir, die Prälatur Opus Dei in Brüssel, zwar sei sie weder in Belgien noch in Argentinien in die Angelegenheit einbezogen worden, doch immerhin sei in den Einladungen, die den belgischen Behörden zugegangen seien, eindeutig darauf hingewiesen worden, dass die religiöse Betreuung der Schule dem Opus Dei anvertraut sei. Vor diesem Hintergrund zog Le Soir den Schluss, das Opus-Dei-Mitglied Lovinfosse habe gelogen, denn in Wirklichkeit sei das Opus Dei beteiligt gewesen.

Eine, wie es scheint, verwirrende Geschichte; doch nur für den, der das System nicht kennt:

Die Schule in Buenos Aires ist auf der zweiten Ebene (Korporative Werke) angesiedelt. Deshalb wird sie von der ersten Ebene (Personalprälatur) religiös betreut: Der Regionalvikar erschien mit Weihwasser. Weil aber weder die zweite noch die dritte Ebene juristisch etwas mit dem Opus Dei zu tun haben, kam die belgische Regierung zu dem Schluss, sie sei kein Partner des Opus Dei. Das war zwar formal richtig, nicht aber praktisch; denn auch wenn die Stiftung Actec (dritte Ebene) formalrechtlich keine Verbindung mit dem Opus Dei hat, wurde sie doch gegründet, um dem Opus Dei zu dienen. Insofern war Lovinfosses Behauptung, Actec habe mit dem Opus Dei nichts zu tun, formal korrekt. Aber trotzdem gab sie nicht die Realität wieder, denn die Stiftung wurde entsprechend den Regeln des Opus Dei gegründet, und eine ihrer Aufgaben ist es, Einrichtungen des Opus Dei zu subventionieren. Insofern war die Auskunft der Prälatur (erste Ebene) in Belgien, sie sei nicht involviert gewesen, rein formal richtig, praktisch aber war sie unrichtig.

Dieses und ähnliche Ereignisse fördern in der Öffentlichkeit die Ansicht, das religiöse Opus Dei arbeite im Verborgenen, sammle Geld und Macht an und arbeite deshalb mit weltlichen Tarnorganisationen.

Damit kein Missverständnis entsteht: Wie alle Bürger haben auch die Mitglieder des Opus Dei das Recht der Koalitionsfreiheit. Sie dürfen Stiftungen und Vereine gründen und öffentliche Mittel in Anspruch nehmen. Sie dürfen Spenden erbringen und Erbschaften übertragen. Sie dürfen kirchliche Zuschüsse erhalten. Aber das Opus Dei ist auch eine sehr starke kirchliche Organisation, die als solche auch auf Geld und Macht zu hinterfragen ist. Doch das ist einem Normalbürger unmöglich; das globalisierte System der drei Ebenen gleicht einem großen Verschiebebahnhof, auf dem – bildlich – die goldenen Waggons so geschickt dirigiert werden, dass ein uninformierter Beobachter die Logistik nicht zu erschauen vermag.

Um die Kapitalströme entdecken und verfolgen zu können, muss man wissen:

Korporative Werke und Stiftungen helfen der ersten Ebene, der übernatürlichen Personalprälatur, auch wenn sie offiziell unabhängig sind: Als die Prälatur in Deutschland um Geld für die Kosten der Seligsprechung Escrivás warb, ließ sie die potenziellen Spender erkennen, sie könnten ihre Gaben von den Steuern absetzen. Doch Spenden für eine Seligsprechung sind steuerlich wohl kaum abzugsfähig. So stellte dann die nichtreligiöse, als gemeinnützig anerkannte *Studentische Kulturgemeinschaft* die Spendenbescheinigungen laut Freistellungsvermerk des Finanzamtes Bonn aus. Ihr Hauptziel indes ist, wie sie bei ihrer Gründung dem Staat mitgeteilt hatte, die Ausbildung von Akademikern und Studenten, nicht aber die Unterstützung religiöser bzw. kirchenpolitischer Ziele der Personalprälatur Opus Dei. Das Geld jedoch floss steuerbegünstigt an den »Vizepostulator des Opus Dei in Deutschland«, also offenbar auf das Konto einer Einrichtung der Prälatur.

In einem zweiten Fall war es umgekehrt: Als Anfang der neunziger Jahre in Deutschland die für die Immobilien zuständige Studentische Kulturgemeinschaft die Bildungsstätte *Haus Hardtberg* (zweite Ebene) in Euskirchen-Kreuzweingarten ausbauen wollte, wandte sich die Prälatur (erste Ebene) an die fünf Diözesen in Nordrhein-Westfalen, damit sie einen Zuschuss gäben. 1992 zahlten sie dann drei Millionen Mark (auch Kirchensteuermittel), aber nicht an die bittstellende Prälatur, sondern an die von ihr rechtlich unabhängige Kulturgemeinschaft.

In einer Projektbeschreibung hatte die Kulturgemeinschaft festgehalten, dass »die Gesamtkosten des Gebäudes etwa bei DM 12 000 000,– liegen werden«. Dabei sei nicht auszuschließen, dass das Projekt teurer werde. An mehr als drei Millionen Mark Zuschuss sei nicht gedacht,

Hans Urs von Balthasar: Gott und Mammon

Kurz vor seinem Tode schrieb der Theologe Hans Urs von Balthasar im Blick auf das Opus Dei:

» ... Geld kann ein Machtmittel sein, mit dem man sich zu einer Zeit, da das Wort Simonie obsolet geworden ist, manches erkaufen kann, vielleicht sogar Heiligsprechungen. Wir leben in einer Zeit, da Propaganda, Reklame, Werbetechnik eine Großmacht geworden sind. Es bereitet tiefe Sorge zu sehen, wie christliche Gemeinschaften heute für sich werben, oft schon bei Minderjährigen, die sich durch geschickte Lockmittel einfangen lassen. Ich besitze eine ganze (internationale) Sammlung von Klagebriefen übertölpelter Eltern, denen eine kirchliche Institution oder Bewegung die Kinder weggestohlen hat. Mehr oder weniger unbewusst steht hinter solcher Werbung das Bewusstsein einer Gruppe, die katholische Kirche in ihrer Integralität am besten und wirksamsten zu repräsentieren. Heilige Ordensgründer wie Franziskus oder Ignatius haben nie für sich geworben, sondern für das Gottesreich, zu dem man durch Nachfolge Christi Zutritt gewinnt.

Merkwürdigerweise vermählt sich heute (wie im Mittelalter und Barock) persönliches Armutsideal mit Reichtum der Gemeinschaft. Aber das Volk ist dieser Vermählung gegenüber misstrauisch. Eine Statistik hat nachgewiesen, dass in Frankreich die um reiche Abteien liegenden Ländereien die am meisten entchristlichten sind. ›Ihr könnt nicht zwei Herren dienen: Gott und dem Mammon‹ – selbst wenn ihr nicht Mönche, sondern eine Laienbewegung seid.

Gewiss verlangt das Evangelium ›Schlangenklugheit‹ neben ›Taubeneinfalt‹, aber nicht ohne sie; und gewiss wird der kluge und getreue Knecht gelobt, mit dem Vermögen seines Herrn gearbeitet zu haben, aber eben nicht mit dem eigenen und nicht für sich, während das Bedenkliche an manchen heutigen florierenden kirchlichen Bewegungen darin besteht, dass sie für sich arbeiten, weil sie sich ›integral‹ mit der Kirche identifizieren. Das erweckt, weil wir alle im Sog der Propaganda sind, bei vielen nur ein leichtes Malaise; es sollte aber, wo echte Unterscheidung der Geister geübt würde, mehr wecken: dezidierte Abkehr.«[151]

hatten 1992 die Diözesen durchblicken lassen. Doch zwei Jahre später hatte die Kulturgemeinschaft bereits 28 Millionen DM verbaut, und die Diözesen hoben den Zuschuss um weitere fünf Millionen DM an. Insgesamt spendeten sie etwa zehn Millionen Mark. Allein die Kosten der beiden Hauskapellen, die 1993 auf eine Million DM veranschlagt worden waren, betrugen 1995 fast drei Millionen DM. Zwei Kapellen waren erforderlich, weil in der Prälatur die Männerabteilung und die Frauenabteilung strikt voneinander getrennt sind und deshalb auch jeweils eine eigene Hauskapelle benötigen.

Die Diözesen teilten, nachdem die Sache herausgekommen war, der Öffentlichkeit mit, sie hätten das Geld an die Personalprälatur Opus Dei, also die erste Ebene, gezahlt. Doch in Wirklichkeit war das Geld auf der steuerbegünstigten zweiten Ebene eingelaufen, obwohl sie formalrechtlich mit dem Opus Dei nichts zu tun hat; ja, obwohl sich deren Einrichtungen nach den Bestimmungen des Opus Dei nicht einmal »katholisch« nennen dürfen.

Anscheinend werden die verschiedenen Ebenen, auch wenn sie angeblich nichts miteinander zu tun haben, oft so benutzt, wie es für die Personalprälatur gerade opportun ist. Zum Beispiel werden die monatlichen Spenden, die Supernumerarier an die Personalprälatur zu leisten haben, üblicherweise an korporative Organisationen gezahlt. Sie bzw. deren Bevollmächtigte werden zudem als Empfänger des Vermögens und Erbes eingesetzt, zu dessen Übergabe an die Prälatur sich das zölibatäre Mitglieder bei seinem Eintritt verpflichtet. Darüber hinaus haben zölibatäre Mitglieder, die Honorare etwa für Vorträge in irgendwelchen Einrichtungen erhalten würden, auf diese Honorare verzichtet und die Einrichtungen gebeten, stattdessen Spenden (die natürlich steuerfrei sind) an diese oder jene Stiftung zu entrichten. Dass es sich dabei um Stiftungen von Opus-Dei-Mitgliedern handelte, war für die Einrichtungen in der Regel nicht erkennbar, weil die Stiftungen formalrechtlich nichts mit dem Opus Dei zu tun haben und im Ausland sitzen.

Ein anschauliches Beispiel dafür, wie Kapital über die verschiedenen Ebenen bewegt wird, bietet die *Woodlawn-Foundation Inc.,* eine zentrale Stiftung, die von Opus-Dei-Mitgliedern in den USA geführt wird. Sie residiert in New Rochelle NY. In dieser Stadt befindet sich auch der US-amerikanische Zentralsitz des Opus Dei. Die Stiftung ist eine »Organization exempt from Income Tax«. Derartige Unternehmungen haben das Ziel, Steuerzahlungen so gut wie möglich zu vermeiden.

Einer Spendenliste der Woodlawn Foundation[152] ist zu entnehmen, dass 4,7 Millionen Dollar, die steuerfrei bei der Foundation eingingen, auf Werke des Opus Dei verteilt worden sind. Der größte Brocken gelangte an die *Crawford Foundation,* die wie das Opus Dei in New Rochelle ansässig ist.

Geld ging aber auch an die übernatürliche Opus-Dei-Zentrale in New Rochelle (erste Ebene). Sogar ins Ausland wurden Gelder transferiert – und zwar an die Päpstliche Universität vom Hl. Kreuz und an eine Pfarrgemeinde in Rom, die vom Opus Dei geleitet wird. Insofern ist auch die Woodlawn Foundation in das von Opus-Dei-Mitgliedern initiierte weltweite Transfersystem eingespannt. Nicht ersichtlich ist aus der Liste, woher die Spenden kamen. Es ist aber bekannt, dass Darlehen aus der Schweiz und von der *Credit Andorra* in die USA liefen und mit nur einem Prozent – also einem eher symbolischen Satz – verzinst wurden.

Ein ähnlicher Fall ereignete sich in England. Aus dem spanischen Rumasa-Konzern, der vom Opus-Dei-Mitglied José María Ruiz Mateos aufgebaut und geführt wurde (s. unten), gelangten hohe Geldsummen über die britischen Kanalinseln an die *Netherhall Educational Association (NEA)*, ein korporatives Bildungsinstitut in London. Als die britische *BBC* eine Fernsehsendung über das Opus Dei vorbereitete, waren die Rechercheure verwirrt durch die Art und Weise, in der die korporative Einrichtung sich Geld beschaffen konnte, um ihren beträchtlichen Grunderwerb in einer feinen Londoner Gegend zu finanzieren. Die Gelder kamen von auswärts in Dollar, Schweizer Franken und D-Mark,[153] und zwar auch hier zu einem Prozent Verzinsung. Ebenso ist die *Dawliffe Educational Foundation,* der korporative Dachverband der britischen Opus-Dei-Frauenabteilung, finanziert worden, wenn auch nicht so opulent wie die NEA.

Das ehemalige Opus-Dei-Mitglied Widmar Puhl erläuterte: »Die Organisation ist reich und versteckt diesen Reichtum hinter juristischen Tricks. Und da beginnt ein regelrechtes Verwirrspiel mit Tarnorganisationen. Nur ein sehr geringer Teil der Häuser, die als Zentren des Opus Dei dienen, ist auch deutlich als Angelegenheit des Opus Dei ausgewiesen. Eine ordentliche Trennung von Wohn- und Geschäftsräumen ist völlig unmöglich. Kaum eine Aktionsgruppe des Werkes tritt offen mit dem erklärten Ziel auf, das sie hat: Mitglieder für das Opus Dei zu werben oder Kirche und Gesellschaft im Sinne des Opus Dei zu beeinflussen ... Das Ganze ist nicht ehrlich. Ein städtischer Beamter zum Beispiel gewährt beachtliche Zuschüsse für die Hausaufgabenbetreuung in einem Jugendzentrum. Er ahnt aber nicht, dass er damit eigentlich etwas anderes finanziert, was ihm seine dienstlichen Richtlinien verbieten würden. Ein Richter oder ein Gemeinderat lenkt Bußgelder von Verkehrssündern, die an eine gemeinnützige Einrichtung fließen sollen, in Zentren des Opus Dei, weil die eine rechtlich anerkannte Fassade unter irgendeinem Vereinsnamen haben.«[154] Puhl musste wissen, wovon er sprach: Er hatte in der Informationszentrale des deutschen Opus Dei gearbeitet. Die Systematik, auf die er hinwies, gilt indes weltweit.

In den siebziger Jahren waren in Zürich, einem der wichtigen internationalen Finanzplätze, drei Mitglieder des Opus Dei tätig: Hans Thomas (Deutschland), Umberto Farri (Italien) und Peter Kopa (Schweiz). Dort wirkten sie für die Limmat-Stiftung; sie arbeiteten aber auch für die geistliche Prälatur und für korporative Vereinigungen in ihren Ländern.

Umberto Farri war im Gesamt-Opus-Dei für »St. Raphael«, das »Apostolat« unter der Jugend, zuständig. Heute ist er auf der dritten Ebene der Generalsekretär des Werkes *Istituto per la Cooperazione Universitaria (ICU)* mit Büros in Rom, Brüssel, Beirut, Hongkong und Manila. Weltweit ist ICU eine zentrale Stiftung, die unter anderem die korporative Universitätsarbeit des Opus Dei finanziert. ICU organisiert bzw. sponsert unter anderem die jährlichen »Schüler- und Studentenkongresse (UNIV)«, auf dem das Opus Dei junge Mitglieder und solche, die gewonnen werden sollen, nach Rom kutschiert, zu Papstaudienzen bringt und in einer Atmosphäre des Werks-Geistes, der sich die zu Werbenden nur schwer entziehen können, an sich bindet.

Hans Thomas betätigte sich auf der ersten Ebene als »Berater des Regionalvikars«, des deutschen Opus-Dei-Leiters, und auf der zweiten Ebene für die Studentische Kulturgemeinschaft, die in Deutschland für die korporativen, meist studentischen Bildungszentren verantwortlich ist und besitzt, was dem Opus Dei nicht gehört, worüber es aber verfügen kann. Heute ist er der Geschäftsführer des korporativen *Linden-*

Geldquellen

1. Einkommen der etwa 40 000 ehelosen, zölibatär lebenden und oft in gut verdienenden Berufen beschäftigten Laien: Numerarier/innen und Assoziierte. Sie selbst leben in Armut und geben alles, was sie verdienen, an ihre Organisation ab, von der sie monatlich ein Taschengeld erhalten. Der Reingewinn aus diesem Posten – nach Abzug der Lebenshaltungskosten, Unterhalt der Häuser und Finanzierung nichtverdienender Mitglieder u. Ä. – dürfte weltweit etwa 30 Millionen Euro monatlich betragen.

2. Spenden der etwa 45 000 Supernumerarier/innen, von denen der größere Teil verheiratet ist. Sie geben etwa ein Viertel ihrer Einkünfte. Als Faustregel gilt: die Kosten, die ein »Kind« in der Familie verursacht (bei Unverheirateten fiktiv). Gewinn (geschätzt): mindestens 20 Millionen Euro monatlich.

3. Einkünfte aus korporativen Werken, Stiftungen und Banken. Hier dürften jährlich hohe Millionenbeträge oder gar Milliarden Euro einkommen bzw. vermittelt werden.

4. Fundraising. Mitglieder, besonders junge, besuchen Verwandte, Freunde und Bekannte, um sie mit ihrer eigenen Arbeit im Opus Dei oder zum Beispiel mit einem Entwicklungsprojekt bekannt zu machen, für das sie dann um Geld werben. Studentenheime und Jugendclubs wenden sich an Firmen usw.

5. Zuwendungen der öffentlichen Hand (zum Beispiel EU, Staaten, Gemeinden), vornehmlich wenn Werke und Stiftungen vorhanden sind, die entsprechende Anträge stellen können. Vermittlung von »Entwicklungshilfe« an korporative Werke und Stiftungen vor allem in Lateinamerika und Afrika.

6. Spenden und Schenkungen von Mitarbeitern und Wohltätern durch Übertragung von Immobilien, Bauernhöfen und sonstigen Grundstücken (nicht zuletzt durch den Adel) bzw. Erbschaften. Die zölibatären Mitglieder setzen – laut Vademecum – beim Eintritt in das Opus Dei eine korporative Vereinigung als Erben ein; kirchliche Mittel (in Deutschland außer aus den nordrhein-westfälischen Diözesen auch aus – soweit überhaupt bekannt – den Diözesen München, Augsburg, Berlin).

thal-Institutes, das mit wissenschaftlichem Anspruch auftritt. Den »multinationalen« Arm jedoch bildet auf der dritten Ebene die Rhein-Donau-Stiftung. Obwohl diese Aufgabe nach seinen Angaben nichts mit dem Opus Dei zu tun habe, vertraute Thomas doch in einem Brief dem österreichischen Kardinal König an: Er hoffe »der Arbeit des Opus Dei auch mit der Stiftung besser helfen zu können«. So kümmert sich die Rhein-Donau-Stiftung zum Beispiel um die Etablierung des Opus Dei in Ungarn. Dort haben spanische und österreichische Mitglieder des Opus Dei 1996 die *Duna Egyesület Kulturális Központok Fejlesztésére* (Donau-Vereinigung zur Förderung von Kulturzentren) gegründet und das Projekt Orbánhegy in Budapest begonnen.[155] Steuerbegünstigte Spenden indes werden in Deutschland entgegengenommen – von der Rhein-Donau-Stiftung. Das Kulturzentrum (w) *Fenyvesliget* in Budapest erfährt dagegen Hilfe aus der Schweiz, flankiert von der *T.- und H.-Klüber-Stiftung* und von den *Helvetia- und Patria-Versicherungen, Stiftung Jeunesse.*[156]

Peter Kopa war von der Prälatur (erste Ebene) als Religionslehrer an der Kantonsschule in Winterthur freigestellt worden. Dort wurde ihm nach einiger Zeit nahe gelegt, ein anderes Tätigkeitsfeld zu suchen.[157] 1978 war er Sekretär des »Vereins für Jugendbildung« in Zürich, des Trägervereins für korporative Jugendclubs (zweite Ebene). In den achtziger und zu Beginn der neunziger Jahre gehörte er zur Hausgemeinschaft der Opus-Dei-Mitglieder im *Studentenheim Fluntern.* Der spanische Journalist Ernesto Ekaizer[158] berichtet, Kopa sei viele Jahre lang in Zürich für die Limmat-Stiftung (dritte Ebene) tätig gewesen. Als Geschäftsführer der Opus-Dei-nahen *FGM-Stiftung für internationale Zusammenarbeit* (dritte Ebene) in Zürich kümmerte er sich ebenfalls um Kapitalabwicklungen.

Im Juni 1999 wurde Kopa von der Zürcher *SonntagsZeitung* mit der *Geneva Group International* (Zug/Schweiz) in Verbindung gebracht.[159] Diese Gruppe ist ein Treuhand-Unternehmen, mit dem weltweit etwa 60 Firmen kooperieren. Chef ist der 32-jährige Claudio Cocca, der binnen kurzem vom mittellosen Studenten zum »angesehenen Treuhänder« aufgestiegen sei. Sein »erster Mentor im Treuhandgewerbe« sei seit 1994 der »Opus-Dei-Numerarier Peter Kopa« gewesen. Kopa sei in Spanien bekannt geworden als Empfänger von 450 Millionen

Peseten der Gesellschaft ASNI Investments SA – einer möglicherweise illegalen Schwarzgeldzahlung von Mario Conde, dem Exchef der Opus-Dei-nahen Finanzierungsgesellschaft *Banesto*. Als er in dieser Sache in Madrid als Zeuge vor Gericht geladen war, sei er nicht erschienen.[160]

Cocca selbst, Kopas »geschäftlicher Ziehsohn«, sage heute, er habe sich vom Opus Dei entfernt, weil er mit dem rigiden Gehorsam und dem Keuschheitsgebot für Numerarier seine Schwierigkeiten habe. Gleichwohl kooperiere er »nach wie vor in Schweizer Stiftungsräten und Aktiengesellschaften« mit Kopa, der – nach Recherchen der Zeitung – allerdings inzwischen in Prag sitze.

Dort ist »Dr. Peter Kopa« an leitender Stelle in das Imperium Claudio Coccas integriert. Er führt die Niederlassung der Gruppe mit Ambitionen nach Bulgarien, Rumänien und Russland. Das Opus Dei in der Schweiz ließ auf Anfrage der SonntagsZeitung wissen, es kenne Kopas Adresse nicht. Dass er nun offenbar in Prag wirkt, ist sehr aufschlussreich. Schon 1977 hatte er sich um Zuschüsse bei Werenfried van Straaten, dem belgischen Gründer des Hilfswerkes *Kirche in Not/Ostpriesterhilfe*, bemüht. Der »Speckpater« teilte ihm mit, dass »uns aus allen Erdteilen Bitten von Opus Dei erreichen, denen wir aus Geldmangel leider nicht allen entsprechen können«. Kirche in Not habe mit Hans Thomas »eine Auswahl der dringendsten Projekte« getroffen. In Zukunft sollten »alle Projekte von Opus Dei via Dr. Hans Thomas bei uns eingereicht werden«.[161] Inzwischen gehört Thomas zum Vorstand der deutschen Sektion der *Kirche in Not* – mit ihm der Unternehmer Franz Wesinger, der sich in der Gründungsphase der Rhein-Donau-Stiftung bereitgefunden hatte, »44 Wohnungen, 2 Läden und 5 Garagen«[162] in sie einzubringen. Der Dritte im Vorstandsbund der Kirche in Not ist der CSU-Bundestagsabgeordnete Norbert Geis, der offen für das Opus Dei streitet und sich als Verehrer Escrivás bekennt. Und der verantwortliche Redakteur von *Echo der Liebe*, der weltweiten Zeitschrift van Straatens, ist der Opus-Dei-Supernumerarier Jürgen Liminski. Kirche in Not ist heute – in einer Zeit der Neu-Evangelisierung bzw. Neu-Katholisierung Osteuropas – eine einflussreiche, kapitalstarke katholische Organisation.[163]

Das multinationale System von Opus-Dei-Mitgliedern, die auch Kooperationen mit anderen privaten wie mit öffentlichen Institutionen anstreben, wurde wirtschaftlich im Spanien der sechziger Jahre grundgelegt.[164] Dort war zunächst – aus dem Umfeld der *Atlántico-Bankunión* – die *Fundación General Mediterranea (FGM)* gegründet worden. Sie stand 1972 Pate bei der Taufe der Limmat-Stiftung. Beide Stiftungen waren miteinander verbunden und gründeten 1977 die *Fundación General Latinoamericana (Fundamerica)* mit Sitz in Caracas. 1979 rief die FGM – unter Beteiligung der Fundamerica – ihre genannte schweizerische FGM-Filiale ins Leben. Den Hauptanteil des Stiftungskapitals brachte der *Stifterverband für die Deutsche Wissenschaft, Essen*, eine Gemeinschaftsaktion der deutschen Wirtschaft, ein. Aber die Entscheidungsvollmacht hatten Mitglieder des Opus Dei bzw. die FGM.

Ebenso gehört in der Limmat-Stiftung die Mehrheit der Stiftungsratsmitglieder dem Opus Dei an.[165] In den achtziger Jahren war ihr Präsident ein Opus-Dei-Numerarier aus der Schweiz, der gleichzeitig in Barcelona regionales Verwaltungsratsmitglied der spanischen *Volksbank (Banco Popular)* war; deren Präsident war ebenfalls Numerarier.

Reichster Jongleur in diesem Netz war damals der spanische Supernumerarier José Ruiz Mateos, Gründer und Leiter des größten spanischen Privatkonzerns, der *Rumasa*.[166] Mit dem Präsidenten der spanischen Volksbank, mit dem Industrieminister und mit dem Präsidenten der Vereinigung der spanischen Privatbanken verbanden ihn Freundschaften. Alle drei waren ebenfalls Mitglieder des Opus Dei. Ruiz Mateos errichtete ein gigantisches, globalisiertes Firmenkonglomerat aus rund 600 Unternehmen, 20 Banken und mit 60 000 Angestellten.

Mit dem Präsidenten der Volksbank repräsentierte er, wie er es ausdrückte, die »wirtschaftliche Kampfkraft des Opus Dei in Spanien«. Strohmänner-Firmen entstanden, Scheingewinne wurden gemacht, und das Opus Dei habe, wie Ruiz Mateos später in Beweisnot zugab, durch Spenden, die er als Supernumerarier zu leisten hatte, kräftig mitverdient.

Das Opus Dei hat diese Darstellungen entschieden zurückgewiesen. Ruiz Mateos habe die Fakten verfälscht. Und außerdem diene das Werk nur religiösen, nicht aber profanen Zielen.

Im Auftrag der spanischen Finanzbehörden sollten die Risiken überprüft werden, die der Konzern eingegangen war. Als Ruiz Mateos ein Ultimatum erneut ignorierte, wurde er enteignet, damit Schaden verhütet und Arbeitsplätze gerettet würden. Wie sich herausstellte, hatte er den Rumasa-Konzern um – umgerechnet – zwei Milliarden Euro überschuldet.

Zieht man alle Summen in Betracht, die beim Konflikt um Ruiz Mateos und das Opus Dei zur Sprache gebracht wurden – soweit der Konflikt öffentlich wurde –, dann kommt man auf mehr als 50 Millionen Dollar. Spanische Zeitungen meinten, es handle sich nur um die Spitze des Eisbergs. In Wirklichkeit seien weit höhere Beträge aus dem Rumasa-Konzern in die Opus-Dei-Arbeit geflossen.

Transaktionen liefen, wie Ruiz Mateos – in Untersuchungshaft genommen – anhand von Kopien zu belegen suchte, auch über die *Nordfinanzbank* in Zürich. Deren Verwaltungsratspräsident war der Zürcher Anwalt Arthur Wiederkehr, der die Limmat-Stiftung errichtet hatte und ihr Aufsichtsratspräsident wurde. Die Nordfinanzbank fungierte als schweizerische Hausbank des Rumasa-Konzerns. Wiederkehr, der Zahlungen zum Teil über Scheinfirmen dirigierte, war auch im weltweiten Bankenimperium des Italieners Roberto Calvi tätig. Calvi – wegen seiner umfangreichen Geschäfte mit dem Vatikan auch der »Bankier Gottes« genannt – war Leiter der größten italienischen Privatbank, des *Banco Ambrosiano,* der 1982 spektakulär Bankrott machte. Wegen illegaler Devisengeschäfte war er zu einer vierjährigen Gefängnisstrafe verurteilt worden. Drei Tage vor dem Berufungstermin wurde er unter einer Londoner Themsebrücke erhängt aufgefunden. Die englische Polizei sprach zunächst von Selbstmord, die englischen Behörden setzten später Fragezeichen hinter diese Feststellung.

Mit Calvis Banco Ambrosiano waren die *Vatikanbank IOR* und deren Präsident, Erzbischof Marcinkus, ins Zwielicht geraten. Die Vatikanbank war mit Abstand der größte Minderheitsaktionär des zusammengebrochenen Bankenkonzerns. Die italienische Bankenkontrolle nannte den Vatikan mithaftbar, worauf dieser überraschend – ohne Anerkennung einer Zahlungsverpflichtung – 88 Ambrosiano-Gläubigern einen Vergleich anbot und mit den Gläubigern die Zahlung von 250 Millionen Dollar vereinbarte, wobei sie ihm wegen rascher Zahlung noch sechs Millionen Skonto gewährten.

Offen blieb die Frage, wie der Vatikan, der ja gelegentlich Schwierigkeiten hat, die Gehälter seiner Angestellten voll zu bezahlen, das Geld so schnell beschaffen konnte, um die Gläubiger zu befriedigen. Es hieß, auch Finanzkreise des Opus Dei seien eingesprungen, wobei sie vom Heiligen Stuhl bestimmenden Einfluss auf seine Politik gefordert hätten – eine Behauptung, die sich mit Aussagen der Familie Calvis wie auch des ehemaligen Konzernherrn Ruiz Mateos in Einklang bringen ließe. Sie wird vom Opus Dei mit dem stereotypen Dementi, die Vereinigung habe nur religiöse Ziele und treibe keine wirtschaftlichen Geschäfte, energisch bestritten.

Längst ist das Opus Dei in allen Staaten vertreten, in denen sich wichtige internationale Finanzplätze befinden: England 1946 (London), USA 1949 (New York), Deutschland 1952 (Frankfurt), Schweiz 1956 (Zürich), Japan 1959 (Tokio), China-Hongkong 1981.

Nachdem das Rumasa-System in den achtziger Jahren aufgeflogen war, wurde 1995 die FGM in einen Finanzskandal verwickelt. Im Strudel der Ereignisse begann ihr Niedergang. Als wichtige Opus-Dei-nahe Stiftung gilt heute in Spanien die *Fondación Codespa.*[167] Mit ihr kooperiert die Limmat-Stiftung, die mit der korporativen schweizerischen *Kulturgemeinschaft Arbor-Société culturelle Arbor* verbunden ist. Arbor betreut die *Alpha*-Einrichtung in der französischsprachigen Schweiz. Dort wurde 1986 die *Fondation du Léman* errichtet. Sie kooperiert mit der belgischen Stiftung *Actec* in Guatemala, El Salvador, Ecuador, Chile, Bolivien, Venezuela, Kolumbien, Argentinien, Elfenbeinküste, Nigeria, Kamerun und Kongo, Demokratische Republik. Actec erhält dazu auch Mittel der Europäischen Kommission. Verantwortlich ist die Organisation »Students for Development«, die Actec eingegliedert ist und die es auch in den USA gibt. Ein Teil der Arbeit gilt »Straßenkindern« – ein Stichwort, das Spender zu großzügigen Gaben anregt. Auch Limmat-Stiftung und Codespa arbeiten in »Projekten« für lateinamerikanische Straßenkinder zusammen.

Die Sorge um Kinder ist im Werk nicht neu. Schon Escrivá hielt die Gründung von Jugendclubs für sehr wichtig, damit Schulkinder an das Opus Dei herangeführt werden könnten, ehe sie der »ideologischen und moralischen Fehlorientierung«[168] anheim fielen. »Schule statt Straße – den Armen helfen« und »Schule statt Straße – Studenten helfen in Mittelamerika« heißt heute ein Projekt, das Opus-Dei-nahe deutsche Studentenheime innerhalb der Rhein-Donau-Stiftung führen. Sie leisten Bildungsarbeit in Mittelamerika und bitten hierzulande um Spenden für einen der Lokalpartner, die Opus-Dei-nahe *Fundacen »Fundación Centroamericana por la Iniciativa del Sector Privado«* (Mittelamerikanische Stiftung für Initiativen im privaten Sektor), in Mittelamerika (Guatemala, Nicaragua, Honduras und El Salvador).[169]

Im Unterschied zur Rhein-Donau-Stiftung hat sich die Limmat-Stiftung offenbar auf Kolumbien spezialisiert, wo sie mit der Fundación Codespa kooperiert. Die Europäische Union und die spanische Regierung subventionierten den Bau einer »Berufsschule mit Betreuung für Straßenkinder« mit 1,1 Millionen Dollar, während die Kooperative Limmat-Codespa lediglich 0,26 Millionen Dollar dafür aufbrachte.[170] Spendengelder flossen aus der Geneva Group International des Treuhänders Cocca (und Kopas) in dieses Projekt.

Vor allem die EU-Kommission wird von Initiativen angezapft, die von Opus-Dei-Mitgliedern gegründet wurden. Kulturgemeinschaften und Stiftungen, die von Mitgliedern des Opus Dei dirigiert werden, erhöhen sogar ihre öffentliche Reputation mit dem Hinweis, dass sie von nationalen und internationalen politischen Gremien unterstützt würden. Zum Beispiel wirbt die italienische *Fondazione RUI (Residenze Universitarie Internazionali)* damit, dass sie mit der Europäischen Kommission und mit dem Europarat zusammenarbeite – nicht zuletzt im Hinblick auf »Entwicklungsländer und Osteuropa«. EU-Gelder erhielten auch Projekte der deutschen Rhein-Donau-Stiftung und der Limmat-Stiftung sowie der Actec.

Die Rhein-Donau-Stiftung arbeitet – nach eigenen Angaben – mit dem deutschen Entwicklungshilfe-Ministerium zusammen, und Actec macht in Belgien staatliche Mittel für Projekte in Lateinamerika, etwa in Venezuela, Kolumbien und Peru, wie auch in Zentralafrika locker. Doch wichtiger als die national getragene Stiftung ist die multinationale Stiftung *Progredi* in Brüssel. Sie ist ein Opus-Dei-naher Hebel in der EU. Zu ihrem Verwaltungsrat gehören einflussreiche Bankiers, Industrielle und Wissenschaftler: Vorsitzender ist der Bankier Baron Claude de Villenfagne de Vogelsanck (Keerbergen/Belgien), sein Vertreter ist der Treuhänder Karel van der Straaten (Antwerpen). Mitglieder des Verwaltungsrates sind: der Chemiker Jorge Brosa Palau (Madrid); Albert Coppe (Tervuren/Belgien), ehemaliger Minister und Mitglied der millionenschweren belgischen Zementfamilie; Gianmario Roveraro, Bankier der

Akros-Bank (Mailand); Bernard Endsjö (Norwegen), europäischer Business-Director der *S. C. Johnson Professional*. Und schließlich: der Unternehmer Günter Ostermann, der Vorsitzende der deutschen Studentischen Kulturgemeinschaft.

Allerdings gibt es gelegentlich auch Sand im Getriebe. Jedenfalls hat sich das *Tempus*-Projekt der Europäischen Kommission einen Antrag auf finanzielle Unterstützung näher angesehen. Er kam von der *FWM-Stiftung*. Sie wollte sich ein Jugendpilotprojekt in Polen finanzieren lassen. Doch der Antrag wurde in Bausch und Bogen abgewiesen. Der FWM-Stiftung antwortete Tempus unter anderem, die von ihr angegebenen Partnerorganisationen hätten keine Bereitschaft zur Kooperation an diesem Projekt gezeigt und die Projektkosten seien »sehr hoch angesetzt«, ja vermutlich »überschätzt«.

Trotzdem: Womöglich hat auch diese Brüsseler Behörde nicht gewusst, dass der Antrag von einem Mitglied des Opus Dei kam, das offenbar besonders findig sein wollte, um Geld zu beschaffen. Erhard Gasda, seit einigen Jahren auf der ersten Ebene Mitglied der polnischen Regionalkommission des Opus Dei in Warschau und 1997 der Informationsleiter des polnischen Opus Dei, reichte den Antrag seiner FWM-Stiftung von Berlin aus, also aus einem Land der EU, nach Brüssel ein. Die Adresse, die er als Sitz der »Stiftung« angab, war mit der Adresse des Berliner Männer-Zentrums des Opus Dei identisch. Er selbst wohnte allerdings nicht dort.

Erfolgreicher ist dagegen Umberto Farri. ICU-Projekte wurden unter anderem durch UN-Organisationen und die Europäische Union finanziert. Vier Generaldirektionen der Europäischen Kommission sowie das EU-Hilfsprogramm ECHO haben sie finanziell unterstützt. Rechnet man alles zusammen, fand der katholische englische Journalist Gordon Urquhart heraus, komme man auf 44 normale und 114 kleinere Projekte.[171] Ohne Helfer in EU-Behörden sind solche massierten Förderungen wohl kaum zu erreichen. Unter den EU-KommissarInnen gilt die Spanierin Loyola de Palacio, eine der beiden VizepräsidentInnen der Kommission, als Opus-Dei-nahe.

Erfolge hat ebenfalls die Rhein-Donau-Stiftung mit Hans Thomas aufzuweisen – ähnlich die Limmat-Stiftung, in der Thomas und Farri gemeinsam tätig sind. Beide Stiftungen arbeiten auch auf den Philippinen. 1995 mündete die Hilfe in die Errichtung der *University of Asia and the Pacific (UA&P)*, eines korporativen Werks des Opus Dei, ein. Von der Europäischen Kommission erhielt die UA&P offiziell 250 000 ECU. Allerdings heißt es, dass tatsächlich eine Million Dollar gezahlt worden seien. Dabei ist bemerkenswert, dass von den zwei Personen, die in der DG-1-Abteilung der EU für die Philippinen verantwortlich sind, die Spanierin Ana Gonzalo zum Opus Dei gehört.[172]

1986 hatte der *Philippine Inquirer* berichtet, die beiden dort am besten bekannten Opus-Dei-Mitglieder Bernardo M.Villegas und Jesus Estanislao nenne man auch »Hans and Fritz«,[173] weil sie aus Deutschland finanziert würden. Doch in Wirklichkeit waren Hans und Fritz nicht Bernie und Jess, sondern ihre deutschen Sponsoren Hans Thomas und Fritz Pirkl. Letztgenannter, der 1994 starb, war damals nicht nur der Präsident der Rhein-Donau-Stiftung, sondern auch der Vorsitzende der CSU-nahen *Hanns-Seidel-Stiftung*. Nicht nur Limmat-Stiftung und Rhein-Donau-Stiftung hatten jahrelang mit dem korporativen *Center for Research and Communication (CRC)* in Manila kooperiert. Das CRC seinerseits hatte das *Dual Tech* im Geschäftszentrum von Metro Manila initiiert, ein Joint Venture zwischen der *Southeast Asian Science Foundation Inc. (SEAFSI)* und der Hanns-Seidel-Stiftung.[174]

Die SEAFSI war 1979 von Villegas und Estanislao ins Leben gerufen worden. Villegas war auf den Philippinen bekannt als Kopf des CRC mit Aufsichtsratsposten bei *IBM, McDonald's* und der *Bank of the Philippine Islands*. Über seine Tätigkeit für die SEAFSI sagte er in seinem Heimatland nichts, während er innerhalb des von Opus-Dei-Mitgliedern weltweit geführten Stiftungsnetzes durchaus in ihrem Namen auftrat, so bei einem Symposion der Limmat-Stiftung, die in Zusammenarbeit mit der Direktion für Entwicklungszusammenarbeit und humanitäre Hilfe (DEH) Bern die Opus-nahe *Foundation for Professional Training Inc.* auf den Philippinen unterstützte. Vizedirektor der DEH und Chef der DEH-Abteilung Politik und Planung der Entwicklungszusammenarbeit war Jean-François Giovannini. Auf Befragen zeigte er sich verwundert: Er kenne die von seiner Organisation unterstützten Projekte der Limmat-Stiftung nicht.[175] Das ist zwar merkwürdig, weil er der Sohn von Edgardo Giovannini, des damaligen Aufsichtsratspräsidenten der Limmat-Stiftung, ist, könnte aber dennoch richtig sein: Solche Zusammenarbeit vollzieht sich durch Beziehungen und basiert auf Vertrauen, ohne dass unbedingt ausreichend nachgeprüft wird.

Je weiter Projekte, die gefördert werden sollen, von den Organisatoren bzw. Spendern der Subventionen geographisch entfernt sind, je unerreichbarer und unüberprüfbarer sie für neutrale Aufsichtsgremien sind, je weiter die Globalisierung vorangetrieben ist, umso leichter scheint es zu sein, Kapital zu lancieren.

Vor Jahrzehnten gab es noch andere Möglichkeiten, den Reichtum zu mehren. Von Devisenschmuggel berichtet Maria del Carmen Tapia.[176] Sie war unter anderem in der römischen Zentralleitung der Opus-Dei-Frauenabteilung tätig und hat die Geheimorganisation vor 40 Jahren verlassen. 1950, zur Zeit, als es in Westeuropa noch Ausfuhrverbote für Devisen gab, habe man ihr in Spanien eine Gürteltasche mit auf die Bahnreise nach Rom gegeben, die sie unter ihren Rock habe schnallen müssen – mit der strengen Auflage, sie nicht zu öffnen. Doch durch einen Zufall habe sie entdeckt, dass sich in der Tasche, die sie bei Alvaro del Portillo, dem inzwischen verstorbenen Prälaten des Opus Dei, für den Gründer Escrivá abzuliefern hatte, »tausende nordamerikanischer Dollars« befunden hätten.

Hier wären also Transaktionen auf der angeblich mammonfreien ersten Ebene gelaufen. Ein weiteres Beispiel: Vor einiger Zeit überraschte ein Afrikaner, der Student im römischen Opus-Dei-Ateneo (der heutigen Päpstlichen Universität vom Heiligen Kreuz) gewesen war, mit der Nachricht, Bischof Küng von Feldkirch, Priester des Opus Dei (erste Ebene) und einziger europäischer Diözesanbischof aus dem Opus Dei, sei im Ateneo erschienen und habe gesagt, in seinem Gepäck habe er einen Scheck der *Päpstlichen Missionswerke* in Österreich, des nationalen Zweiges von *Missio Internationalis,* dem »Päpstlichen Werk für die Glaubensverbreitung«. Die Sache gelangte in Österreich an die Öffentlichkeit und wurde breit diskutiert. Es habe sich um »zweckgebundene« Spenden gehandelt, ließ das Missionswerk wissen. Dennoch war die Brisanz offenkundig: Warum überweist das Missionswerk der Diözese Feldkirch, wenn es denn dem Priesterseminar des Opus Dei Spenden zukommen lässt, sie nicht auf dem üblichen Bankenweg, sondern stellt seinem Bischof einen Scheck aus, der ihn dann nach Rom mitnimmt? Die nationale Missio-Zentrale in Wien schaltete sich ein.

Da kam auch noch heraus, dass das Missionswerk in der Diözese Küngs sogar einen Schriftverkehr mit dem Ateneo geführt hat, in den zwei philippinische Bischöfe und ein zairischer Bischof involviert waren. Sie hatten offenbar das Angebot, zukünftige Priester mit Unterstützung des Päpstlichen Hilfswerkes in der Opus-Dei-Einrichtung ausbilden zu lassen, gern angenommen.

Der geheimnisvolle, verdeckte Umgang von Opus-Dei-Mitgliedern mit dem Geld trägt dazu bei, dass das Werk in der Öffentlichkeit vielen unheimlich ist und dass es im Ursprungsland Spanien »Santa Mafia – Heilige Mafia« genannt wird. Alberto Moncada, der ehemalige Numerarier aus Spanien, dessen Zeugnis im Kanonisierungsprozess für Escrivá als unseriös gewertet wurde (s. S. 60), befand 1990 auf dem Internationalen Soziologiekongress in Madrid:

»Seit den fünfziger Jahren helfen die Mitglieder einander in öffentlichen und privaten Geschäften, ernennen Mitarbeiter und Vertrauensleute aus ihren Reihen, eröffnen ihre Konten in befreundeten Banken, und, wie es sich im ›Rumasa‹- Skandal erwiesen hat: sie benützen die Beziehungen des Opus Dei, um Körperschafts-Angelegenheiten voranzutreiben. Nichts, das andere ähnliche Organisationen nicht auch tun würden, nichts Besonderes im Geflecht des westlichen Kapitalismus, aber ein bisschen verwirrend für aufrechte Katholiken, die eine größere Präsenz des Opus Dei in der Versittlichung des öffentlichen Lebens erwarten.«[177]

6. KAPITEL

Opus Dei – katholische Kirche pur

»Eine mächtige, sogar gefährliche, sektenähnliche Organisation«, sei das Opus Dei, schrieb 1995 der Jesuit James Martin im US-Magazin *America*.[178] Sie benutze »Geheimhaltung und Manipulation, um voranzukommen«. Ironisch bedankte sich der vatikanische Mitarbeiter Russell Shaw aus Washington: So gesehen gleiche das Opus Dei den Jesuiten. Daran erinnere er sich gern aus den zwölf Jahren seines Lebens, in denen er eine High School und eine Universität der Jesuiten besucht habe.[179]

Shaw behielt allerdings für sich, dass er heute ganz andere Optionen hat: Der Supernumerarier des Opus Dei ist Pressesprecher der US-amerikanischen Kolumbusritter, die mit 1,6 Millionen Mitgliedern die größte katholische Bruderschaft der Welt sind und mit dem Opus Dei gelegentlich zusammenarbeiten. Zum Beispiel soll die Gründung der *Internationalen Akademie für Philosophie im Fürstentum Liechtenstein (IAP)*[180] durch finanzielle Unterstützung der Kolumbusritter und von Werken des Opus Dei ermöglicht worden sein. Die IAP dementierte das Gerücht über diesen Geldfluss zwar als »glatte Lüge«, trotzdem hält es sich hartnäckig.

Opus-Dei-Mitglied Shaw ist Konsultor des Päpstlichen Rates für die Kommunikationsmittel. Dort sitzt auch der Chef der Kolumbusritter, Virgil Chrysostomos Dechant, der den päpstlichen Titel »Gentiluomo Seiner Heiligkeit« trägt. Seit 1981 hat sich die amerikanische Ritterschaft – wie das Opus Dei – im Sinne des vatikanischen Lebenschutzprogramms engagiert und dem Papst insgesamt 28 Millionen Dollar zukommen lassen. Johannes Paul II. dankte ihr 1998 insbesondere für diese »rastlosen Bemühungen«.

Dechant ist außerdem Mitglied im Steuerungsrat der Vatikanbank IOR, zu dem lange auch der schweizerische Bankier Philippe de Weck gehörte, der 1999 sein Amt aus Altersgründen niederlegte. De Weck war in den achtziger Jahren – nach dem Ambrosiano-Skandal – offenbar mit dem damaligen Chef der Deutschen Bank, Hermann Josef Abs, beauftragt, die Vatikanbank IOR zu sanieren. Er selbst war Präsident der Schweizerischen Bankgesellschaft, der größten Geschäftsbank der Schweiz. In den Verwaltungsrat seiner Bank berief er Alfred Wiederkehr, den Aufsichtratspräsidenten der Limmat-Stiftung. Wiederkehrs Nordfinanzbank fungierte, wie beschrieben, als schweizerische Hausbank des spanischen Opus-Dei-Mitglieds José María Ruiz Mateos, der die Millionenbeträge, die er nach eigenen Angaben auf Verlangen des Opus Dei gezahlt habe, unter anderem über de Wecks Bank entrichtet habe.

De Weck war jahrelang auch Mitglied des vatikanischen *Stiftungsrats zur Förderung der Sozialwissenschaften*. Stiftungsratspräsident ist der Liechtensteiner Treuhänder Professor Dr. Herbert Batliner, der berühmteste und wohl wichtigste der 220 Treuhänder des Ländles. Seit 2000 ist er in Deutschland gut bekannt: Peter Struck, Fraktionsvorsitzender der SPD im Bundestag, forderte die CDU auf, in ihrem Spendensumpf auch die Beziehungen zwischen Batliner und Altkanzler Helmut Kohl aufzuklären. Kohl hatte den Träger des Komturkreuzes des Päpstlichen Silvesterordens mit Stern mehrfach getroffen.

Batliner gehörte zu den ursprünglichen Stiftungsratsmitgliedern der IAP, die von Nikolaus von und zu Liechtenstein (»Niki«) initiiert wurde. Der Prinz, der sein Land beim Heiligen Stuhl vertritt, wird von seinem Cousin Nikolaus Lobkowicz, ehemals böhmischer Prinz und heute US-Bürger, beraten. Lobkowicz, der dem Gründungskuratorium eines Korporativen Bildungswerkes des Opus Dei wie auch vatikanischen Gremien angehörte, ist zwar kein Mitglied des Opus Dei, steht ihm aber nahe: »Gleich ob man Mitglied des ›Werkes‹ ist oder nicht, ist das Programm oder die eigentliche Spiritualität, die Escrivá uns vorstellt (und von dem er meinte, sie sei ihm unmittelbar von Gott eingegeben), für uns Laien das einzige, das eine Kulturveränderung bewirken könnte.«[181]

Spendables Mitglied des IAP-Stiftungsrates ist Alphons Horten aus der bekannten deutschen Kaufhaus-Dynastie, ehemaliger Bundestagsabgeordneter der CDU. Ihn findet man ebenfalls im zehnköpfigen vatikanischen Rat der Stiftung zur Förderung der Sozialwissenschaften.

Zu den neun Mitgliedern des IAP-Stiftungsrates, der auch für die finanziellen Angelegenheiten zuständig ist und sich dabei unter anderem um »Spenden« für die IAP kümmern soll, gehört neben den beiden genannten Prinzen auch Prinz Simeon von Habsburg. Außer Zweifel steht, dass Gelder der Vatikanbank in die IAP geflossen sind; nach einem Bericht des Zürcher *Tages-Anzeigers*[182] insgesamt eine Million

Verbindungen zum Hochadel

Nicht nur in der Liechtensteiner Akademie (IAP) scheinen Verbindungen zu fürstlichen Förderern und Kooperatoren des Opus Dei auf. In Frankreich werden Françoise de Bourbon-Lobkowicz und Prince Edouard, Botschafter des Souveränen Malteserordens, genannt. In Österreich ist Mitglied des Opus Dei der Abgeordnete zum Bundesrat Vinzenz Liechtenstein. Erzherzog Otto von Habsburg-Lothringen, der in Bayern wohnt, ist zwar kein Mitglied, betätigt sich aber für das Opus Dei. Über Escrivá schrieb er: »Seine Ausstrahlung war beeindruckend. Er hatte nicht nur Charakterzüge weltlicher Größe – er wäre ein erstklassiger Politiker in seinem Land geworden –, sondern auch eine Aura persönlicher Heiligkeit, der man sich nicht entziehen konnte.«[183] Über die Beziehungen des spanischen Königshauses zum Opus Dei bestehen keine Zweifel: König Juan Carlos de Borbón wurde von Opus-Dei-Lehrern erzogen. Von dort erklärten sich die Verbindungen, die das belgische Königshaus – zumindest unter König Baudouin und der spanischen Fabiola – zum Opus Dei pflegte. Sie soll es gewesen sein, die dem Opus Dei im europäischen Hochadel die Türen geöffnet hat. Selbst das britische Königshaus unterhält, wenngleich nichtkatholisch, gute Kontakte zum Opus Dei in England.

Schweizer Franken in vier Zahlungen. Kapital kam außerdem aus Italien: Einer Stiftung zur Förderung der IAP präsidiert der frühere italienische Staatspräsident und Senator auf Lebenszeit, Professor

Francesco Cossiga, Ehrendoktor der Opus-Dei-Universität in Pamplona. Stifterin dieses »Marcus Tullius Cicero Lehrstuhls für Philosophie der Gesellschaft, Wirtschaftsethik und Politik« ist die *Fondazione Cassa di Risparmio di Roma*, die 3,9 Milliarden Lire spendete.[184]

Hier wird ein Zipfel eines heiklen Beziehungsgeflechts aus Ethik und Kapital sichtbar, in das auch Mitglieder und Sympathisanten der Geheimorganisation Opus Dei fest verwoben sind. Dabei sind die IOR und die Stiftung nur ein Teil eines global gespannten Netzes. Was aber verbindet Personen dieser Connection untereinander? Warum hängen sich, wie es jedenfalls scheint, Opus-Dei-Kreise mit Geld hinein? Diese Fragen führen uns in die vatikanische Politik und in den brisanten Themenbereich um Moral, Autorität und Sexualität.

Josemaría Escrivá sah nicht nur allein die katholische Kirche, sondern die gesamte »Welt verschmutzt« – und zwar, wie schon erwähnt, durch eine »losgelassene Sinnlichkeit, ja geradezu Verblödung« wie auch durch den »Marxismus«. Als marxistisch bzw. kommunistisch beeinflusst und deshalb anfällig für den Atheismus stufen das Opus Dei und seine vatikanischen Verbündeten die lateinamerikanische Befreiungstheologie und die »Kirche der Armen« ein. Dabei geht es jedoch nur vordergründig um Atheismus. Letztlich steckt hinter all dem der Kampf gegen die moderne Welt, gegen Pluralismus und Demokratie – gepaart mit der Furcht, diese Werte unserer Zeit könnten auch in der katholischen Kirche mehr und mehr an Bedeutung gewinnen.

Für die meisten traditionalistischen Bewegungen und Initiativen in der katholischen Kirche kommt die schlimmste Bedrohung der Kirche aus dem Bereich der Sexualität. Als geistige Grundlage wird ein »hedonistisches Genussstreben« angesehen. Vor drei Jahrzehnten hatte Papst Paul VI. die Enzyklika »Humanae Vitae« veröffentlicht, in der er die mechanischen und chemischen Mittel der Empfängnisregelung verbot. Dadurch waren viele Katholiken in einen offenen Widerspruch zur Autorität des Papstes geraten. Bischöfe und Theologen bezogen Gegenpositionen und bekannten sich damit öffentlich zu innerkirchlichem Pluralismus. Damit trafen sie den Kern rechtsgläubiger Überzeugungen. Denn vor allem an einer absoluten Autorität des Papstes machen katholische Traditionalisten ihre Glaubenstreue fest.

Die stramme Treue zum römischen Papst sehen sie aber auch durch die lateinamerikanische Befreiungstheologie und die »Kirche der Armen« bedroht. Über das Evangelium nachdenkend, hinterfragt diese Theologie unter anderem das kirchliche Engagement in der Gesellschaft. Die »Kirche des Volkes«, die vom Zweiten Vatikanischen Konzil angestoßen wurde, entlarvte die verhängnisvolle Zusammenarbeit zwischen Kirchenführern und Obristen und kam zu einer grundsätzlichen Kritik an der traditionellen Kirchenpolitik, die für sie das Evangelium verrate. Sie rief die Armen auf, sich zu organisieren und Widerstand zu leisten. Deren Organisationen wurden dann zu einer Triebkraft gesellschaftlicher Veränderung. So störten sie die überlieferte Kooperation staatlicher und kirchlicher Machthaber. Auf der Gegenseite wurde ihnen vorgeworfen, sie untergrüben die römische Autorität und suchten eine neue Kirche zu schaffen. Konsequenterweise richtet sich die Abwehr deshalb nicht nur gegen angeblich »hedonistisches Konsumdenken«, von dem die Länder der Dritten Welt überfallen würden, sondern auch gegen die »Kirche der Armen«, die unkatholisches, vor allem aus der Befreiungstheologie stammendes – protestantisches – Gedankengut verbreite. Doch alles der Reihe nach.

1994 erließ Bischof Javier Echevarría, der Leiter des Opus Dei, eine zentrale Direktive: Das mobile Corps solle eine »neue Maginot-Linie« errichten. Den quasi-militärischen Appell verkündete er in einer Botschaft an den »Panamerikanischen Kongress für Familie und Erziehung«, den das Opus Dei in Mexiko zum »Internationalen Jahr der Familie«, im Vorfeld der Kairoer Weltbevölkerungskonferenz (1994) und der Pekinger Frauenkonferenz (1995), veranstaltete. Im Vatikan galten Kairo und Peking als besonders brisante Konferenzen im Hinblick auf die moralischen bzw. sexuellen Themen (vgl. oben). Von überall her, vornehmlich aus Lateinamerika, Spanien und den Philippinen, waren 2500 Gäste nach Monterry gereist. Echevarría ließ den Kongress wissen, Papst Johannes Paul II. sei es, der die Notwendigkeit einer »neuen Maginot-Linie« sehe. Er fordere nämlich, einen »großen Verteidigungswall« gegen das »hedonistische Konsumdenken«, das, aus Europa kommend, die Entwicklungsländer zu befallen drohe.

Die tatsächliche »Maginot-Linie« ist bekanntlich von Frankreich gebaut worden mit dem Ziel, mögliche deutsche Angriffe zurückzuschlagen. Wer über die Geschichte des Zweiten Weltkriegs und die Nazi-Verbrechen nachdenkt, wird den Vergleich mit dem angeblichen »hedonistischen Konsum« als beschämend empfinden. Aber offenbar bleiben der Kampftruppe solch nüchternen Einsichten verborgen.

Die ersten Vorarbeiten am Schutzwall waren schon nach dem Zweiten Vatikanischen Konzil aufgenommen worden. Damals begannen die innerkirchlichen Polarisierungen und Kämpfe, die bis heute andauern. 1972 hat zum Beispiel der Essener Bischof Franz Hengsbach mit dem Kölner Kardinal Joseph Höffner die theologische Zeitschrift *Communio* gegründet – als Gegenpol zu *Concilium*, das 1965 aus der Taufe gehoben worden war, damit es den Geist des Zweiten Vaticanums bewahre und pflege. Zu den *Concilium*-Begründern hatte neben den Theologen Karl Rahner und Hans Küng auch Joseph Ratzinger gehört. Ratzinger schwenkte zu *Communio* um. Die rivalisierende *Communio* wurde vornehmlich von denen unterstützt, die der Meinung waren, dass man zur Geschlossenheit rufen müsse und dass dem Gehorsam gegenüber der kirchlichen Lehrautorität der erste Platz gebühre. Die kirchliche Autorität müsse gegen Folgen des Konzils gesichert werden – insbesondere gegen mögliche Beteiligungen des Kirchenvolks an hierarchischen Entscheidungen. Zu dieser Gruppe gehörte auch der polnische Kardinal Karol Wojtyla, der spätere Johannes Paul II. *Communio* erschien im Unterschied zu *Concilium* auch auf Polnisch.

Hengsbach war der mächtigste Kirchenführer in der Deutschen Bischofskonferenz. Er war für weltkirchliche Aufgaben, besonders in Lateinamerika, zuständig. Dabei konnte er viel Geld verteilen. Im Konflikt um die zukünftige Richtung der katholischen Kirche, um religiöse Wahrheitsvermittlung und kirchenpolitische Machtausübung, blies er ebenfalls 1972 im römischen Zentrum der Opus-Dei-Priester zum Kampf gegen die Befreiungstheologie. Der Begriff »Theologie der Befreiung« war vom peruanischen Priester Gustavo Gutiérrez gerade erst geprägt worden.

Ausgehend von der Konzilstheologie des Volkes Gottes hatte noch 1968, als Papst Paul VI. mit der Enzyklika »Humanae Vitae« bereits den Rückzug signalisierte, die Lateinamerikanische Bischofskonferenz einen fundamental neuen Ansatz legen wollen: Nicht die Leiter sind es, welche die Befreiung verwirklichen, sondern sie arbeiten mit dem Volk zusammen und helfen ihm, sich selbst zu befreien. Von unten her sollten neue kirchliche Strukturen aufgebaut, eine Emanzipation des Volkes herbeigeführt werden.

Damit stellte sich verschärft die Frage nach Kirchenstruktur und Autorität, und damit verbunden auch nach der Macht in der katholischen Kirche: Wer bestimmt die Gesamtlinie? Darf das Kirchenvolk mitentscheiden? Oder sind der jeweilige Bischof und der Papst die absoluten Regenten?

In diesen Konflikten schälten sich mehr und mehr zwei polarisierende Konzeptionen heraus. Das traditionelle Konzept baut sich »von oben nach unten« auf, das neue dagegen geht von der Mitte, vom Volk, aus. Im traditionellen Konzept arbeitet die Kirchenspitze mit den politischen Machthabern zusammen, trägt zur Ruhe und Ordnung bei und erhält zur Belohnung einen gewissen gesellschaftlichen Freiheitsraum für die Kirche. Diese Kooperation macht unter Umständen notwendig, dass die Kirche zu politischen Untaten und Gräueln der Herrschenden schweigt. Die Kirche des Volkes dagegen sieht auf die Unterdrückungen und das Leid, denen das Volk ausgesetzt ist; sie ist ja das Volk. Das hat Konsequenzen für das Verhältnis der Kirche zu den Mächtigen in Staat und Wirtschaft, gegen die sie dann, auf der Seite der Armen und Rechtlosen stehend, notfalls auch auf Konfrontationskurs geht.

Das war die kirchenpolitische Seite der Autoritätsfrage, die Hengsbach vor den Opus-Dei-Priestern in Rom behandelte. Hinzu kam schon damals ein zweiter Aspekt päpstlicher Autorität, der – auch angesichts »Humanae Vitae« – in den folgenden Jahren mehr und mehr in den Vordergrund rückte: Hedonismus und Liberalismus. Der Essener Oberhirte identifizierte »Befreiung« mit »geistiger Emanzipation« und attackierte dann beides. Diese Ideen, namentlich die Französische Revolution, seien gescheitert, da sie »im Namen der Freiheit den Menschen Böses« zugefügt hätten. Als Retter erschien ihm das Opus Dei: »Opus Dei hat Msgr. Josemaría Escrivá de Balaguer seine Gründung genannt, und gerade darum mühen sich er und seine geistlichen Söhne, Weltpriester und Laien aller Berufe im Dienst an der Welt. – Es gibt heute Theorien und Ideologien, marxistische und liberalistische, die aus Religion und

Kultur Alternativen machen möchten. Sie werden keine bessere Zukunft und keine wahre Befreiung des Menschen bringen«.[185]

Zwei Jahre später reiste Escrivá nach Peru und wandte sich dort in Häusern des Opus Dei – laut Zeugenaussagen – gegen jene Christen, die nicht mehr von der »Sünde« befreien wollten, sondern »brutal« eine Befreiung propagierten, die nicht »die Befreiung Christi« sei.

Nicht ohne Hintersinn schien es dann zu sein, dass 1978 die Vatikan-Zeitung *L'Osservatore Romano*, Wochenausgabe in deutscher Sprache, unmittelbar nach der Wahl des Polen Karol Wojtylas zum Papst »gute Beziehungen« erkannte, die »den neugewählten Papst mit den deutschen Bischöfen verbinden« würden und dass er dies an zwei Fotos illustrierte, auf denen Papst Johannes Paul II. sich als Kardinal von Krakau mit Kardinal Joseph Höffner und Bischof Franz Hengsbach zeigte – und zwar im Zentrum der Opus-Dei-Priester in Rom.[186]

Wie Hengsbach sah auch Kardinal Höffner schwere Bedrohungen auf die Kirche zukommen. Er attackierte nicht nur die Befreiungstheologie, sondern witterte – auf dem Hintergrund der Diskussion um »Humanae Vitae« – moralische Gefahren, denen die Kirche durch den gesellschaftlichen »Hedonismus« ausgesetzt sei. 1973 sprach auch er vor dem Opus Dei, und zwar auf dem Kolloquium »Die Herausforderung der Vierten Welt« des Kölner *Lindenthal-Institutes*, einer korporativen Opus-Dei-Gründung.[187] Die Vierte Welt treffe man in allen Erdteilen. Ihre »moralische« Unterentwicklung sei »verhängnisvoller« als die Unterentwicklung, der »physische« Hunger der »Dritten Welt«, der so genannten Entwicklungsländer. »Die unterentwickelte Vierte Welt«, fand er, »wird durch schwere Krisen erschüttert: Zerfall der sittlichen Normen, Umsichgreifen der Unzucht, Manipulierung der Sexualität durch die Pornografie, Zerrüttung vieler Ehen und Familien, Geburtenrückgang, Zunahme der Gewalttaten, Schwächung der das menschliche Leben schützenden Wertvorstellungen, lautloses Abgleiten vieler in die religiöse Gleichgültigkeit, Verunsicherung des Glaubens, Rückgang der Priester- und Ordensberufe, Vereinsamung vieler Menschen, Ausbreitung der Lebensangst und der Selbstmordanfälligkeit und dergleichen mehr.« Höffners Bestreben war es, einen Schutzwall gegen diese »Bedrohung« zu errichten.

Zweiter Gast der Opus-Dei-Veranstaltung war der Franzose Jerôme Lejeune, ein prominenter Wissenschaftler, unter anderem UN-Berater für Gentechnik und die biologischen Wirkungen der Strahlungen. Er war auch als erzkonservativer Streiter für den Lebensschutz bekannt.

Das Opus Dei griff die Anstöße auf und führte die beiden Themenbereiche »Hedonismus und Befreiungstheologie« zusammen. 1974 ernannte Opus-Dei-Gründer Escrivá – als Großkanzler der Opus-Dei-Universität im spanischen Pamplona – Lejeune und Hengsbach gemeinsam zu Ehrendoktoren.

Unter Papst Johannes Paul II. hat sich seit 1978 der Konflikt insbesondere um Sexualmoral und Autorität ausgedehnt. Das Stichwort »Sexualität« berührt heute – katholisch gesehen – im weiten Sinne: Homosexualität, Schwangerschaftsabbruch; Zölibat bzw. Ehelosigkeit der Priester und Männerkirche; Ehescheidung und Gleichstellung der Geschlechter, damit verbunden das Priestertum der Frau; Beteiligung der Laien, die in der Regel verheiratet sind, an kirchlichen Entscheidungsprozessen. In Westeuropa, nicht zuletzt in den deutschsprachigen Ländern, wurde die päpstliche Sexualmoral zu einem publizistischen Dauerbrenner. Vorwärts weisende gesellschaftspolitische und friedenspolitische Initiativen Johannes Pauls II. verdunsteten vor diesem Bewusstseinshintergrund.

Um den schon vor drei Jahrzehnten begonnenen Schutzwall zu festigen bzw. die neue Maginot-Linie zu errichten, hielt das mobile Corps seit 1994 weltweit unzählige Veranstaltungen und Konferenzen ab, begann mit medizinischen Aktivitäten, suchte gezielt die Zusammenarbeit mit Lebensschützern, lud in seine bioethischen Institute und Kulturzentren ein. Anfang 1995 bilanzierte *Romana* zum ersten Mal die Versuche, auf internationale politische Institutionen, auf Regierungen, Parlamente und weitere Entscheidungsträger Einfluss zu nehmen.[188]

In den neueren Ausgaben des Opus-Dei-Bulletins nehmen die Berichte über medizinische und bioethische Aktionen in allen Erdteilen breiten Raum ein. Auch philosophische Grundlagen – zum Beispiel Naturrecht und Moral – in Auseinandersetzung mit »Nietzsche, Marx und Freud«[189] werden diskutiert. In diesem Zusammenhang ist ein Hinweis Felzmanns aufschlussreich: »Opus Dei ist weithin ein Kreuzzug gegen den Materialismus, gegen materialistische Grundlagen. Es liebt weder die Freudsche Psychologie noch den Marxismus. Und daher ist Opus Dei volkstümlich. Dabei wird es unterstützt von Bankiers, Konservativen, Leuten aus der Finanzwelt, der Mittelklasse, der Aristokratie.«[190] Flankiert werden die Kampagnen von einem weltweiten Netz aus Vereinen der Bildung und Erziehung, Stiftungen und Banken.

Werfen wir einen Blick auf Institutionen, die in diesem Geflecht vernetzt sind:

Der *Päpstliche Familienrat*, der – 1981 gegründet – vom Opus-Dei-Freund Kardinal López Trujillo geleitet wird. Außer den schon genannten Mitgliedern (s. S. 26) gehören ihm als Sympathisanten des Opus Dei an: die vatikanischen Kardinäle Lucas Moreira Neves; Erzbischof Carlo Caffara (Ferrara-Comacchio); Erzbischof Edward Felix Kelvin (Jamaica); der erwähnte Virgil C. Dechant und seine Frau Ann; die polnischen Theologen Andrzej Póltawski, Wanda Póltawska und Tadeusz Styczen (Ehrendoktor der Opus-Dei-Universität Pamplona); Pater Lino Ciccone, C. M.; der belgische Theologe Michel Schooyans; der österreichische Politiker Herbert Schambeck; die norwegische Politikerin Janne Haaland Matlary und die deutsche Gräfin und ehemalige Bundestagsabgeordnete Gabriele Plettenberg.

Die *Päpstliche Akademie Pro Vita* (für das Leben), die 1994 vom inzwischen verstorbenen Jerôme Lejeune etabliert wurde – und zwar auf päpstlichen Wunsch hin, nachdem sich die ehrwürdige Päpstliche Akademie der Wissenschaften geweigert hatte, die rigorose päpstliche Linie im Hinblick auf den Lebensschutz zu vertreten. Pro Vita hat die Aufgabe, die Themen um den Lebensschutz wissenschaftlich zu bearbeiten und dabei die Position des kirchlichen Lehramtes zu verteidigen. Sie soll auch auf die politische Gesetzgebung einwirken. Lejeune stand dem Opus Dei nahe oder war sogar Mitglied. Seine Witwe, Birthe Lejeune, die Vizepräsidentin der Opus-Dei-nahen Stiftung *Jerôme Lejeune* in Paris, ist Ehrenmitglied der Akademie. Zu den bereits genannten Mitgliedern des Opus Dei (s. S. 26 f.) kommen als Sympathisanten hinzu: Carlo Caffara, Wanda Póltawska, Tadeusz Styczen, Joseph Seifert (IAP-Rektor), der österreichische Jurist Wolfgang Graf Waldstein, der deutsche Philosoph Robert Spaemann (Ehrendoktor der Opus-Dei-Universität Pamplona) und Carl Albert Anderson, Großritter der Kolumbusritter, Mitglied des Päpstlichen Laienrates und ehemals Berater im Weißen Haus.

Der *Päpstliche Rat für die Pastoral im Krankendienst,* der 1985 gegründet wurde und mit der Akademie Pro Vita verbunden ist. Er beschäftigt sich vornehmlich mit dem Dienst von medizinischen Sozialarbeitern und Krankenpflegepersonal, seine Themen drehen sich unter anderem um Aids, Schwangerschaftsabbruch, Sterbehilfe und Umgang mit Behinderten. Hier sitzen außer den genannten Mitgliedern des Opus Dei (s. S. 26) als Sympathisanten: Carlo Caffara, Tadeusz Styczen, Wanda Półtawska und Birthe Lejeune.

Das mit der Päpstlichen Lateran-Universität in Rom verbundene *Päpstliche Institut »Johannes Paul II. für die Studien von Ehe und Familie«,* das 1982 von Professor Carlo Caffara – seit 1995 Erzbischof von Ferrara-Comacchio – errichtet und mit Kapitalhilfe aus dem Opus Dei begleitet wurde. Vizepräsident ist Carl Albert Anderson. Caffaras wohl spektakulärste Institutsveranstaltung fand 1988 statt. Sie beschäftigte sich – zum 20. Jahrestag – mit der Enzyklika »Humanae Vitae«. Der Theologe erklärte: »Wer empfängnisverhütende Mittel gebraucht, will nicht, dass ein neues Leben zu existieren beginnt. Denn er betrachtet dieses neue Leben als ein Übel. Das ist – auf der Ebene des Willens – dem ähnlich, was ein Mörder tut. Er betrachtet es als ein Übel, dass sein Opfer existiert.« Dieser ungeheuerliche Vergleich der Empfängnisverhütung mit Mord löste weltweit Entrüstung und Empörung aus. Auch Bischöfe wiesen ihn zurück.

Zu diesem Geflecht gehört eine international miteinander verbundene Gruppe von korporativen bzw. von Opus-Dei-Mitgliedern gegründeten wissenschaftlichen Instituten; so die *Päpstliche Universität vom Heiligen Kreuz* in Rom; das *Lindenthal-Institut* in Köln; das *Institut für medizinische Anthropologie und Bioethik* (IMABE) in Wien; die *Schweizerische Gesellschaft für Bioethik* in Zürich; Einrichtungen der *Universdad de Navarra,* insbesondere deren Bioethisches Institut und die Philosophische Fakultät; nicht zuletzt das *Libero Istituto Universitario Campo Bio-Medico* in Rom, das 1993 von Mitgliedern und Freunden des Opus Dei in der Form einer Universitätsklinik eröffnet wurde. Hier sollen die weltweiten Kontakte und Aktivitäten im Bereich der Medizin und Bioethik, der Sexualität und des Lebens gebündelt und theoretisch begleitet werden. Studenten können ein Diplom in »Wissenschaften der Krankenhauspflege« erwerben.

Die Knoten im Netzwerk

Theologische, philosophische und finanzielle Knoten dieses Netzes liefern Mitglieder des Opus Dei mit ihrem neuscholastischen theologischen System. Da sie über viel Kapital verfügen, können sie ihren Ideen umso leichter publizistischen Raum verschaffen. Bedeutsam wird darüber hinaus immer mehr die polnische *Lubliner Schule*. Deren Lehre, eine »Christliche Philosophie« und Spielart der »Ewigen Philosophie«, geht zurück auf Karol Wojtyla, den heutigen Papst Johannes Paul II., der einst Professor für Ethik an der Katholischen Universität in Lublin war. Sie beeinflusst seit den achtziger Jahren immer mehr katholische Institutionen. Heute wird sie von Wojtylas Nachfolger in Lublin, dem Salvatorianerpater Professor Tadeusz Styczen und Direktor des dortigen Instituts »Johannes Pauls II.«, weitergeführt. Styczen ist, wie schon erwähnt, Ehrendoktor der zentralen Opus-Dei-Universität. Die Lubliner Schule ist ebenfalls stark vom neuscholastischen Denken geprägt. Philosophisch knüpft sie ferner an die Philosophen Dietrich von Hildebrand (1889-1977) und Max Scheler (1874-1928) an. Sie stützt sich auf die Phänomenologie Edmund Husserls (1859-1938), an dem sich interessanterweise auch Jean-Paul Sartre orientierte. In der IAP wird die Ewige Philosophie konsequent verfolgt. Styczen gehört zu ihrem Senat. IAP-Rektor Josef Seifert spricht gar von der »LL-Schule«, der »Schule Lublin-Liechtenstein«. Freilich hat die »Philosophia perennis« heute selbst unter katholischen Philosophen und Theologen kaum noch Bedeutung.

Vizerektor der IAP ist der italienische Wissenschaftler und Politiker Rocco Buttiglione, Minister in der Regierung Berlusconi. Außerdem ist er Mitglied der Päpstlichen Akademie für die Sozialwissenschaften. In den siebziger Jahren hatte er wichtige Aufgaben für Comunione e Liberazione (CL) inne. Später entstand offenbar eine Distanz zwischen ihm und CL. Seitdem wurde er gelegentlich auch mit dem Opus Dei in Zusammenhang gebracht.

Die IAP weist auch auf die »aktive Mitwirkung von ... Andrzej Póltawski ... aus derselben polnischen personalistischen Schule«[191] hin. Póltawski und seine Frau, Wanda Póltawska, boten Kardinal Wojtyla, der selbst keine Verwandten hatte, in Krakau eine Art Familie. Wanda Półtawska kommt auch heute an der Schweizer Garde vorbei über die Hintertreppe schnell zum Papst, um ihn über moralische Weltperspektiven zu informieren. An der Päpstlichen Akademie für Theologie in Krakau ist sie Direktorin des Institutes für Familientheologie, das mit dem römischen Caffara-Institut (s. oben) in Verbindung steht.

In dieser Gruppe kooperiert auch Robert Spaemann, ein deutscher, international angesehener Philosophieprofessor und Ehrendoktor der Opus-Dei-Universität in Pamplona. An der IAP gab er ein Semester lang Gastvorlesungen.

Geplant ist unter anderem ein IAP-Zentrum für bioethische Forschung. Auch hierin korrespondieren die Interessen mit dem Opus Dei. Die Verbindung gewährleistet das Mitglied des IAP-Stiftungsrates Nikolaus Zwicky-Aeberhard aus der Schweiz, der auch Vorstandsmitglied der Opus-Dei-nahen Schweizerischen Gesellschaft für Bioethik ist. Sie arbeitet mit dem Opus-Dei-nahen österreichischen *»Institut für medizinische Anthropologie und Bioethik (IMABE)«* zusammen, dem der Opus-Dei-Bischof Küng, der österreichische Familienbischof, wohl gesonnen ist. 1991 wurde das IMABE zu einer offiziellen Einrichtung der österreichischen Bischofskonferenz.

Senatsmitglied der IAP ist auch der Österreicher Wolfgang Waldstein. Österreichische Bischöfe wirkten 1997 bei der Errichtung des *Internationalen Theologischen Instituts für Studien über Ehe und Familie (ITI)* mit, das in der Kartause Gaming residiert, sich an Caffaras Familien-Institut in Rom orientiert und – wie Initiativen aus dem Opus Dei – auch von *Kirche in Not* finanziert wird. Bei der Eröffnung sagte Institutspräsident Michael Waldstein, die Gründung habe »einem ausdrücklichen Wunsch« des Papstes entsprochen.[192] Die Finanzierung wurde insbesondere durch Bischof Kurt Krenn (St. Pölten) ermöglicht. Zur Gründung des Institutes hatte sich eine Arbeitsgemeinschaft österreichischer Bischöfe gebildet, der außer Krenn die – wie er – als Opus-Dei-nahe bekannten Salzburger Bischöfe, Erzbischof Eder und Weihbischof Laun, angehörten. Dazu kamen Opus-Dei-Bischof Küng (Feldkirch) sowie Bischof Kapellari (Klagenfurt) und Militärbischof Werner. Großkanzler des ITI ist Erzbischof Schönborn (Wien). Den Eröffnungsgottesdienst der ITI zelebrierten Küng, Schönborn und Werner.

Das ITI ist ein Nachfolge-Institut des ehemaligen *Internationalen Akademischen Institutes für Studien über Ehe und Familie (MEDO)* im niederländischen Kerkrade. Es war 1990 vom damaligen Bischof von Roermond, Joannes Baptist Matthijs Gijsen, gegründet worden. Gijsen war 1972 vom Vatikan gegen eine überaus starke Opposition in der Diözese Roermond, ja in den gesamten Niederlanden in sein Amt als Bischof eingesetzt worden. Der nicht endende Widerstand führte in den neunziger Jahren dazu, dass er die Niederlande verließ und sich nach Island zurückzog. Damit war auch die Arbeit des MEDO-Instituts praktisch zu Ende. Denn in den Niederlanden war sie, selbst von den meisten Bischöfen, stets skeptisch beobachtet worden.

Das MEDO-Institut hatte zweifellos eine Nähe zum Opus Dei. Seine Organisatoren, die Professoren Gerard J. M. van den Aardweg und Willem Jacobus Eijk, traten in Einrichtungen des Opus Dei auf, wo sie in dem streng konservativen Sinne der neuen »Maginot-Linie« über Ehe und Familie, Sexualität und Abtreibung referierten. Eijk ist seit 1999 Bischof im niederländischen Groningen.

Verbindungen pflegen Opus-Dei-Kreise auch zu Pro-Life-Organisationen. Mit dem *Internationalen Kongress für die Familie* zeigen sich als Hauptveranstalter die World Organization for the Familiy und deren Präsidentin, Gräfin Vollmer Herrera. Mit von der Partie ist in der Regel Prinzessin Françoise de Bourbon-Lobkowicz, jahrelang Mitglied der vatikanischen Delegation an den UNO-Generalversammlungen in New York und Präsidentin der *Weltvereinigung »Amici dell'infanzia«*. Zu den beiden adeligen Damen gesellen sich dann jeweils Mitverantwortliche in den Ländern, in denen die Kongresse veranstaltet werden. Beim ersten namhaften Kongress in Europa, der 1986 in Paris stattfand, war es Bernadette Chodron de Courcel, die Frau des heutigen französischen Präsidenten Jacques Chirac; drei Jahre später in Bonn die Gräfin Gabriele Plettenberg, Vizepräsidentin des *Internationalen Verbandes der Katholischen Elternschaften Europas (GKA-PEC)* und Mitglied der *European Parents Association.*

1997 waren Vollmer Herrera und Bourbon-Lobkowicz in Prag für den *Weltkongress der Familien* verantwortlich. Zwar beteiligten sich auch Vertreter anderer christlicher Konfessionen, sogar des Judentums – wie auch Politiker. Starreferent war jedoch Kardinal Alfonso López Trujillo.

Um die Thematik »Ehe und Familie, Sexualität und Bioethik« im römischen Sinne zu verbreiten und den Schutzwall zu festigen, hat das Opus Dei darüber hinaus eigene Stiftungen etabliert. Die Erste war die *Fondation Internationale de la Famille,* die 1978 in der Schweiz gegründet wurde und sich bald darauf *International Family Foundation (IDF)*[193] nannte. 1979 wurde eine IDF in Belgien gegründet: An der Spitze stand Baron Claude Villenfagne de Vogelsanck von der Opus-Dei-nahen *Progredi-Stiftung.* Hinzu kommen die bioethische Abteilung an der Universität von Navarra und das *Institute for Family Development* in Irland. 1994 trat die mexikanische *Asociación Mundial para la Familia y la Educación* auf, inzwischen eine lateinamerikanische Institution. In Kanada wurde die *Association for Family Life, Development and Culture* gegründet, in den USA das *Family Development Institut (IDF).* 1996 folgte die *Fondazione Internazionale delle Famiglia (IDF).* Im selben Jahr hielt in Europa die IDF bereits den *13. Internationalen Familienkongress,* und zwar in Rom. Im Namen des Papstes zelebrierte Kardinal Alfonso López Trujillo auch hier eine Messe.

Es war nicht das erste Mal, dass die IDF die Nähe zum Heiligen Stuhl suchte. Schon 1990 hatte sie in Rom getagt – unter Mitwirkung der italienischen Politikerin Professor Ombretta Fumagalli Carulli[194] von der katholischen Universität Sacro Cuore in Mailand. Auch Adriana Poli Bortone, Mitglied des Europa-Parlaments und Ministerin schon in der ersten Regierung Berlusconis, sympathisiert mit dem Opus Dei. Begeistert unterstützt sie Aktionen zur Geburtenkontrolle und Homosexualität von Alberto Michelini, einem Mitglied des Opus Dei, der im Europäischen Parlament saß und außerdem Medienberater des Vatikans ist. 1994 begrüßte sie eine Petition, die von der Opus-Dei-korporativen RUI gegen das Vorbereitungsdokument der UN-Weltbevölkerungskonferenz in Kairo gerichtet war und dem italienischen Ministerpräsidenten überreicht wurde. Ihre Erklärung wurde vom Vatikansprecher Navarro Valls mit dem offiziellen Aufdruck des »Sala Stampa« (vatikanisches Presseamt) der Presse übergeben. Der Opus-Dei-Numerarier hatte in Kairo und Peking eine herausragende Stellung innerhalb der Delegation des Heiligen Stuhls.

Die Aktionen des Vatikans zu Kairo und Peking waren 1994 von Kardinal Trujillo angespitzt worden, als er sagte: »Die Schlacht beginnt in Kairo.«[195] Die Parole wurde von Pier Giovanni Palla, dem Direktor der mehrfach erwähnten Opus-Dei-nahen Stiftung ICU, aufgenommen. Er beschied in der Monatszeitschrift *Studi Cattolici*, die dem Opus Dei nahe steht, dass sich die »Strategie der UNO gegen die Familie« richte. »Die verborgenen Manipulatoren des Gewissens« finde man unter den »Mächtigen der Erde«.[196]

Der Kampf gegen die Befreiungstheologie

Ähnlich schrille Töne waren in Peru, aus der Umgebung des Opus-Dei-Mannes Juan Luis Cipriani Thorne, des damaligen Erzbischofs von Ayacucho und heutigen Kardinals in Lima, zu hören. Zum Umfeld sind erzkonservative katholische Gruppen um die politische Rechtsbewegung »Renovación« zu rechnen, namentlich die prominenten Politiker Martha Chávez und Enrique Chirinos Soto. Chávez wünscht, dass ausländische Kritik an der Regierungspolitik als Hochverrat geahndet wird, und Chirinos nannte den ehemaligen US-Präsidenten Clinton – auch im Hinblick auf die Kairoer Konferenz – einen »Abtreiber«.[197]

Peru ist das Land, in dem zahlreiche Bischöfe entschlossen eine »Kirche der Armen« aufgebaut hatten; die Wiege waren die fünf Campesino-Bistümer im Sur Andino, der hoch gelegenen Andenregion im Süden Perus. Doch seit den achtziger Jahren wurde die aufgeschlossene Mehrheit der peruanischen Bischöfe schmaler: durch Rücktritt und entsprechende Neuernennungen in Rom, durch Absetzung und Strafversetzung.

Christen wurden häufig ermordet, weil sie sich für die Armen einsetzten und dann als »Marxisten« oder »Kommunisten« verketzert wurden. Der Vorwurf »Kommunist« ist immer noch lebensgefährlich. Der Urheber des Begriffs »Theologe der Befreiung«, der Priester Gustavo Gutierrez, ist mit 65 Jahren in den Dominikanerorden eingetreten, um auf diese Weise wenigstens einen gewissen Schutz gegen die Bedrohungen zu erhalten. Die Vorwürfe werden indes auch von Bischöfen des Opus Dei[198] genährt: Für den peruanischen Erzbischof Luis Sánchez-Moreno Lira zum Beispiel ist die Befreiungstheologie »marxistisch angehaucht«. Sie propagiere den »Klassenkampf«. Für Erzbischof Fernando Sáenz Lacalle in El Salvador ist die Theologie der Befreiung gar, wie er vor einer unternehmerfreundlichen Stiftung erklärte, »eine Relecture des Evangeliums mit marxistischer Brille«, die unvermeidlich in den Klassenkampf führe. Wie verlautet, habe er das theologische Zentrum der Jesuiten an deren Universität (UCA) ein »Zentrum von Kommunisten« genannt – das wäre geradezu eine Einladung und Rechtfertigung für Todesschwadronen, erneut Mitarbeiter des Zentrums umzubringen. Wie Sáenz schmäht auch Cipriani die Armen. Für ihn kann in Peru »von Armut keine Rede« sein; denn die »Bauern und Arbeiter würden ihr Geld für Trinkgelage verschwenden und sich bei religiösen Festen vergnügen«[199]. Gleich Sáenz attackiert Cipriani die Arbeit von Menschenrechtsorganisationen.

Cipriani war ein Verbündeter des protestantisch-evangelikalen Staatspräsidenten Albert Fujimori, dessen Eltern aus Japan einwanderten. Fujimori benötigte die Unterstützung der katholischen Kirche, um seine radikal neoliberale, kapitalistische Wirtschaftspolitik durchsetzen zu können. Er verlor sein Amt, als herauskam, er sei in einen Bestechungsskandal verwickelt.

Die Befreiungstheologie, so haben einige westeuropäische Bischöfe und Kardinäle, nicht zuletzt Kardinal Joseph Ratzinger, dem Papst beigebracht, sei in Wirklichkeit eine europäische Theologie, erwachsen aus der neueren »Politischen Theologie«. Einer der bekanntesten Befreiungstheologen, der Brasilianer Leonardo Boff, geriet mit dem Heiligen Stuhl in einen Konflikt, der freilich erst richtig zum Ausbruch kam, als Boff sich in dem Buch »Igreja: Carisma e Poder« (»Kirche: Charisma und Macht«) mit der Kirchenstruktur beschäftigte – auch mit Demokratie und Pluralismus. Hier schließt sich der Kreis um Autorität und Befreiungstheologie.

In diesem Zusammenhang, heißt es, Johannes Paul II. sehe in westeuropäischen Ländern die »Contestazione« um sich greifen – die offene Auflehnung gegen Rom, besonders gegen das Papstamt. »Contestatio« ist das lateinische Wort, mit dem die zeitliche Periode vor der Reformation Luthers bezeichnet wird. Nicht zuletzt deutsche Hilfswerke wie »Misereor« würden mit Spendengeld auch unkatholisches, rebellierendes, protestantisch eingefärbtes Gedankengut in die Entwicklungsländer transportieren. Unter diesen Vorzeichen haben sich unter rechten Katholiken Misstrauen, ja Abschottungen gegenüber der Ökumene aus Katholiken und Protestanten ausgebreitet.

Divisionen des Papstes gegen protestantischen Pluralismus

Dem Opus Dei wird bei der Verteidigung der päpstlichen Autorität eine zentrale Rolle zuerkannt. Dominikanerpater Heinrich Basilius Streithofen, Kopf des Institutes für Gesellschaftswissenschaften Walberberg und Sympathisant des Opus Dei, widmete ihm in seinem Buch »Die Divisionen des Papstes«[200] mehr als zwei Drittel des Textes und kam zu dem Schluss: »Das Opus Dei jedoch bildet eine neue und in ihrer Form einzigartige katholische Gemeinschaft. Bildet es heute noch die Vorhut, so könnte es künftig die ›Divisionen des Papstes‹ anführen.«[201]

Diese Rolle des Werkes sieht er besonders in einer »vorreformatorischen Zeit« gegeben, in der heute der deutsche Katholizismus lebe.[202] »Vieles«, so schrieb er in seiner Hauszeitschrift *Die neue Ordnung*, »findet seine Parallelen im Zustand der deutschen Kirche zur Zeit Martin Luthers ... Laienkelch und Priesterehe wurden zum Dogma erhoben.«

Luther, so stellt Streithofen fest, habe den Zölibat aufgehoben, was an das Fundament des katholischen Priestertums und der katholischen Kirche überhaupt rühre. In diesem Zusammenhang wettert er auch gegen eine «geschwisterliche Kirche«[203] als »Modell einer basisdemokratischen Kirchenpolitik, in der Christus von jedermann um wahltaktischer Linsengerichte willen verkauft wird«[204].

In dieser Auseinandersetzung werden innerkirchliche und gesellschaftliche Demokratie zusammengebracht. Bekämpft wird der gesellschaftliche Pluralismus, der als »dem Wesen des Protestantismus konform anzusehen« sei. Die katholische Kirche habe sich »dem Dogma des Pluralismus unterjocht«, befand Streithofen in seinem Aufsatz »Wie man die Kirche im Schlaf zerstört« und fuhr fort: »Wo dieser neue Weg letztlich hinführt, zeigt der Protestantismus – dass die Weggabelung bereits hinter uns liegt, ist zu befürchten: der späte Sieg des Herrn Luther. An dieser epochalen Wende des Katholizismus zeigt sich, dass das Instrumentarium der pluralistischen Gesellschaft hinreicht, um grundsätzlich jede Teilgesellschaft in sich zu integrieren, auch jene, die sich am meisten dagegen sperrt. Man muss nur den richtigen Hebel ansetzen: Spalten durch Kritik und Verhetzung.«

Den Pluralismus, der dem Protestantismus entstamme und sich in die katholische Kirche ausdehne, nahm sich Opus-Dei-Mann Hans Thomas in Streithofens Zeitschrift vor. Er widersprach dem Ruf nach innerkirchlicher Demokratie, an der auch die Laien zu beteiligen wären. Die Kirche, begründete er, bestehe nicht nur aus den Lebenden, sondern auch aus den verstorbenen Katholiken: »Da die Kirche, anders als der Staat, eine Gemeinschaft der Lebenden und der Toten ist (die ihre Stimme in der Tradition erheben), würden letztere damit [also durch innerkirchliche Demokratie] zwar nicht aus der kirchlichen Gemeinschaft ausgeschlossen, aber doch in ihrem Stimmrecht diskriminiert.«[205] Kurzum: In der katholischen Kirche darf es keine demokratischen Abstimmungen geben, weil die Toten nicht mit abstimmen können. Aber ist das wirklich so einfach? Was wäre, wenn die Toten tatsächlich hörbar »ihre Stimme erheben«, an Entscheidungen beteiligt, über Traditionen mit diskutieren und abstimmen könnten? Wenn alle dabei wären, auch diejenigen, die zum Beispiel in Inquisition und Hexenverfolgung umgebracht wurden? Vermutlich würde weder eine traditionalistische noch eine inquisitorische Kirche herauskommen.

Sicher, die Praktiken haben sich gewandelt. Ketzer werden nicht mehr verbrannt, Protestanten nicht mehr ins Gefängnis geworfen, wenn sie wie im Kirchenstaat unter dem – im Jahre 2000 selig gesprochenen – Papst Pius IX. öffentlich ihren Glauben bekennen. Aber der triumphalistische Geist, der hinter modern verkleideten Attacken auf Luther und seine Reformation steckt, hat sich nicht verändert.

Der emeritierte Dogmatikprofessor und heutige Kardinal Leo Scheffczyk ist der Meinung, dass der Protestantismus – im Unterschied zu Escrivá – die »Gnadentheologie in ihren Grundlagen« erheblich verkürze.[206] Gnade und Rechtfertigung[207] waren sein Thema, als er gegen die gemeinsame lutherisch-katholische Erklärung zur Rechtfertigungslehre kämpfte, die uraltes Geröll aus der Zeit der Reformation wegräumen sollte. Kurz vor der Unterzeichnung verschickte der Opus-Dei-Ehrendoktor mit handschriftlicher Empfehlung ein Interview, das Kardinal Ratzinger, der Präfekt der Glaubenskongregation und ebenfalls Opus-Dei-Ehrendoktor, der Zeitschrift *30 Giorni* (»30 Tage«) gegeben hatte. *30 Giorni* steht der Bewegung

»Comunione e Liberazione« nahe. CL-Gründer Giussani hat in der katholischen Kirche eine »Invasion unkatholischen Denkens« entdeckt, das für ihn »protestantisch« ist. In diesem geistigen Umfeld hatte Ratzinger deutlich gemacht: Für Katholiken gelte – trotz der gemeinsamen lutherisch-katholischen Erklärung – weiterhin die Lehre des Konzils von Trient. Diese Kirchenversammlung war im 16. Jahrhundert eine katholische Antwort auf die Reformation. Unter anderem fixierte sie in Lehrsätzen, wer ein Ketzer und aus der katholischen Kirche auszuschließen sei. Nun, vier Jahrhunderte danach, befand Glaubenshüter Ratzinger: »Wer sich der Lehre des Konzils von Trient widersetzt, der widersetzt sich der Lehre, dem Glauben der Kirche.«[208] So war klar, dass evangelische Christen für die Glaubenskongregation weiterhin als ausgeschlossene Häretiker gelten. Doch in der deutschen Ausgabe der *30 Tage*[209] versteckte der Kirchenpolitiker Ratzinger diesen Satz und formulierte stattdessen: »Aber beide Seiten konnten seither ihren Horizont ausweiten und so die Vereinbarkeit der wesentlichen Intentionen erkennen.« Scheffczyk indes musste solche ökumenische Rücksicht nicht nehmen und versandte das Interview im italienischen Original: So war es, so ist es, so bleibt es! Die Rechtfertigungserklärung nannte er einen »Pyrrhussieg auf Kosten der Wahrheit«[210].

Auch das Opus Dei selbst ist überzeugt, dass es die Wahrheit besitze und sie verteidigen müsse.[211] Escrivá schrieb: »Die Nachgiebigkeit ist ein sicheres Zeugnis dafür, dass jemand die Wahrheit nicht hat.«[212] Kompromiss, so hat Felzmann gelernt, ist für das Opus Dei ein »schmutziges Wort«. Die Wahrheit des Opus Dei sei kompromisslos durchzusetzen.

Mitte der neunziger Jahre gab es in einer Kirchengemeinde in Mannheim einen schweren Konflikt: Freunde, womöglich Mitglieder des Opus Dei, regierten unnachgiebig hinein, der Pfarrer unterstützte sie. Die Gemeinde, allen voran der Pfarrgemeinderat, brach praktisch auseinander. Er sei undemokratisch entmachtet worden, meinte der Vorsitzende. Auf der Höhe der Auseinandersetzung wurde der aus Spanien stammende Bonner Hochschullehrer und Numerarier Alberto Gil eingeladen und gefragt, warum es »in jeder Gemeinde zu Spaltung führt, wenn Opus Dei auftaucht«. Gil antwortete: »Opus Dei – das ist eben katholische Kirche pur. Und das ist für viele offenbar bereits eine Provokation.«[213]

Obwohl das Opus Dei nur eine kirchliche Gruppe unter vielen ist, versteht es sich als pur, rein, makellos, heilig, unveränderlich, unbefleckt und unsterblich.[214] Wer sich im Besitz der Wahrheit sieht, diskutiert nicht darüber, sondern verkündet sie. Kritik am Opus Dei wird vom Opus Dei häufig mit Kritik an der Kirche schlechthin gleichgesetzt.[215] Wenn jedoch eine einzelne Gruppe sich mit dem Wohl der Kirche identifiziert bzw. das Wohl der Kirche mit sich selbst, dann steht die erlaubte Vielfalt der Spiritualitäten und Glaubensweisen, der kulturellen, sozialen und politischen Traditionen auf dem Spiel. Neue Gruppen in der Kirche neigen dazu, sich abzuschließen und sich über andere zu erheben. Aber die Ausschließlichkeit des Opus Dei führt geradezu in eine monolithische Kirche, in die geistige und praktische Intoleranz.

Folgerecht verabsolutieren Opus-Dei-Mitglieder nicht nur die eigene Wahrheit, sondern setzen auch den Glauben Andersdenkender herab. Das zeigt eine interne Bestimmung, in der eine Rangfolge der Nächstenliebe – sie ist mit der Gottesliebe das christliche Hauptgebot – aufgestellt wird:

»Damit jedoch dieser Eifer – der Nächstenliebe ist – Liebe zu Christus sei, muss man eine Ordnung festlegen. An erster Stelle stehen die Mitglieder des Opus Dei, diejenigen, die schon in unserer Gemeinschaft sind. Ihnen ist man zuerst verpflichtet. Sodann hat sich jeder um die Personen seiner eigenen Familie zu kümmern, um die Eltern und Geschwister, damit er sie den Apostolaten des Werkes nahe bringe, was heißt: sie Gott nahe bringen. Danach kommen die Katholiken – in erster Linie diejenigen, die eine mögliche Berufung [zum Opus Dei] erhoffen lassen; hierauf diejenigen, die sich Christen nennen, oft aber Christus nicht kennen. Zuletzt alle anderen: alle Seelen, alle, alle.«[216]

Offenbar gelten für das Werk nur Katholiken uneingeschränkt als christlich: Die anderen Christen nennen sich zwar so, oft kennen sie aber Christus gar nicht. Das mag ein Grund sein, warum das Thema »Ökumene« in seinen internen Schriften praktisch nicht vorkommt und ökumenische Gottesdienste in seinen Häusern verpönt sind.

Opus Dei und Ökumene

Ökumene bedeutete für Escrivá: »gemeinschaftliche Aktivitäten von Menschen ›guten Willens‹«,[217] aber keine theologische Vielfalt. Den Begriff »Menschen guten Willens« hatte Papst Johannes XXIII. gebraucht, und zwar im Hinblick auf gesellschaftliche Zusammenarbeit der Christen, die – bei aller theologischer Verschiedenheit untereinander – mit allen Menschen kooperieren, mit denen sie gemeinsame Ziele zum Wohle der Menschheit verfolgen.

Vor diesem Hintergrund überrascht es nicht, dass in einem Buch, mit dem das Opus Dei sechs Jahre vor dem Tode Escrivás dessen Denken »charakterisierte«[218], Ökumene allenfalls eine nebensächliche Rolle spielte. Im »Schlüsseltext hinsichtlich der Spiritualität des Opus Dei«[219] wird sie überhaupt nicht erwähnt. Während Escrivá in diesem Buch seitenlang über die Entstehung des Opus Dei oder über Wahrheit und Pluralismus im Volk Gottes spricht, beantwortet er die Frage »Wie steht das Opus Dei zum Ökumenismus?«[220] auf einer einzigen Druckseite. Dabei erzählt er zunächst eine Anekdote über Papst Johannes XXIII. und kommt dann darauf, dass »Geistliche und sogar Bischöfe verschiedener Konfessionen vom Geist des Opus Dei angezogen« und »in unseren apostolischen Unternehmungen mitarbeiten« würden. Als »wesentlich zur Begegnung« erscheint ihm, dass »unsere getrennten Brüder« im Opus Dei »einen guten Teil jener theologischen Voraussetzungen praktisch gelebt« vorfänden, vor allem »die Heiligung der eigenen beruflichen Arbeit«, auf die »sie und wir Katholiken berechtigterweise so viele ökumenische Hoffnungen setzen«. Das war's.

Der Hinweis, dass das Opus Dei »Nichtkatholiken und selbst Nichtchristen« schon seit 1950 als »Mitarbeiter« aufnehme, kehrt dann in diesem Buch mehrfach wieder.[221] Allerdings sind evangelische Bischöfe, die angeblich in korporativen Werken des Opus Dei mitarbeiten oder gar zu seinen Mitarbeitern gehören würden, namentlich bisher nicht bekannt geworden. Der einzige Religionsführer, der als nichtkatholischer Mitarbeiter vorgezeigt wird, ist der ehemalige chilenische Großrabbiner Angel Kreiman.

Vermutlich würden nichtkatholische Bischöfe zurückhaltend reagieren, wenn sie vom Opus Dei als Mitarbeiter gewonnen werden sollten;

denn das Opus Dei nimmt zwar nichtkatholische Mitarbeiter auf, die es – im Unterschied zu den katholischen Mitarbeitern – nur durch »eigene Arbeit oder Spenden unterstützen«, nicht aber durch »Gebet«. Aber jenen Mitarbeitern, die sich nicht zur »katholischen Wahrheit« bekennen, soll von den »Gläubigen der Prälatur« [also Katholiken] »das Licht des Glaubens« vermittelt werden; die Nichtkatholiken sollen »auf sanfte, aber wirksame Weise zur christlichen Gesinnung hingeführt« werden.[222] Nichtkatholische Christen scheinen demnach für die Prälatur vor allem als Objekte katholischer Bekehrung interessant zu sein – insbesondere für das Ziel, sie dem Opus Dei zu gewinnen.

Kein Wunder, dass Mission und Konversion wichtige Themen für Opus-Dei-Mitglieder in evangelisch geprägten Ländern sind, beispielsweise im Norden Europas. Jahrzehntelang hatte die kleine katholische Gemeinschaft in Estland, die etwa 2000 Mitglieder unter 1,4 Millionen Einwohnern zählte, friedlich untereinander und mit den evangelischen sowie den orthodoxen Christen gelebt. Doch um 1992, nach der osteuropäischen Wende, änderte sich die Situation rapide. Estland war eine sowjetische Republik gewesen, 1991 hatte es seine Selbstständigkeit erlangt. Papst Johannes Paul II., der schon 1989 das Opus Dei ermahnt hatte, sich in seiner Heimat Polen niederzulassen, war offenbar daran interessiert, dass sich das Werk auch nach Litauen und Estland begebe und das Baltikum neu evangelisiere. Jedenfalls gab seine rechte Hand, Titular-Bischof Stanislaw Dziwisz, einen entsprechenden Hinweis.

Nach Litauen wurde Titular-Erzbischof Justo Mullor García (Priestergesellschaft vom Heiligen Kreuz) geschickt. Von Vilnius aus war er als Apostolischer Administrator auch für Estland zuständig. Generalvikar für Estland und Attaché in der Päpstlichen Nuntiatur wurde der Opus-Dei-Priester Philippe Jourdan aus dem Pariser *Centre Garnelles*. Aus Finnland waren weitere Priester des Opus Dei gekommen. Kurz darauf suchten Katholiken, die unter der kommunistischen Herrschaft praktisch keinen Kontakt zur Weltkirche hatten pflegen können, verwirrt ihre bisherigen Geistlichen auf und fragten: »Was ist eigentlich das Opus Dei«? Die neuen Priester hätten gesagt, sie sollten bei ihnen beichten, aber auf keinen Fall bei einem Jesuiten, denn Jesuiten hätten eine »falsche Spiritualität«. Im Juni 1996 richteten die »Neuen« dann unter Teilnahme von Opus-Dei-Priestern aus Italien, Frankreich und Spanien die Prälatur Opus Dei in Estland ein.

Ein halbes Jahr später wurden Mullor García und Jourdan in *Eesti Ekspress*, der größten estnischen Wochenzeitung, attackiert: Sie hätten verboten, in den katholischen Kirchen Estlands sechs estnische Bücher zu verkaufen. Die unter das Verbot fallenden Bücher habe der in Tartu lebende katholische Priester Vello Salo empfohlen. Seinen Worten nach sei diese Literatur für den Glauben hilfreich. Schon 1995 habe die katholische Kirche nicht erlaubt, in den Ruinen des Dominikanerklosters das Stück »Drei Musketiere« des Stadttheaters aufzuführen.[223]

Nach und nach kühlte das Verhältnis der Hierarchie zu den Nichtkatholiken ab. Die Missionierung gewann mehr und mehr den ersten Platz. Nuntius Mullor García, der inzwischen im Vatikan tätig ist, habe vor seiner Versetzung noch die Stiftung *Pro Estonia Catholica* (Für ein katholisches Estland) ins Leben gerufen, für die Jourdan die Vollmacht habe, hieß es in Estland. Ferner habe Mullor von mehreren 100 Taufen gesprochen, seit das Opus Dei im Land sei. Immerhin ist die Zahl der Katholiken – laut Vatikanischem Jahrbuch 2001 – um 75 Prozent auf 3500 gestiegen.[224] Estnische Katholiken, die den ausländischen Oberhirten kritisch gegenüberstehen, halten die Zahlen allerdings für manipuliert.

Ein weiteres Beispiel für Ökumene im protestantischen Norden: Voller Stolz berichtete 1999 die Leiterin der kleinen Frauenabteilung des Opus Dei in Schweden, Gräfin Elisabeth von Waldstein, 1984 habe die Präsenz des Opus Dei in den nordischen Ländern begonnen; schon bald »konnten wir Zeugen für viele Wunder der Gnade werden: Bekehrungen, Taufen und Konversionen als Frucht des Apostolates, das die Schülerinnen unter ihren Klassenkameradinnen und anderen Freundinnen entfalteten«.[225]

Numerarier und Numerarierinnen, zu denen auch Gräfin Waldstein gehört, übernehmen, wenn sie in die Organisation eintreten, handschriftlich ein Testament. Darin »bekennen und bejahen« sie alles, »was die Heilige, Katholische, Apostolische, Römische Kirche glaubt und lehrt«. Dabei handelt es sich zwar nicht um das apostolische Glaubensbekenntnis katholischer Prägung, das formuliert: »Ich glaube an die eine, heilige, katholische und apostolische Kirche.« Gleichwohl ist es erhellend, dass die *eine* Kirche des Glaubensbekenntnisses hier durch die *römische* ersetzt ist. In der Dogmatischen Konzilskonstitution (Art. 8,2) über die Kirche (Constitutio Dogmatica de Ecclesia) hatten die Teilnehmer des Zweiten Vatikanischen Konzils auf den Begriff »Römische Kirche« verzichtet. Das war ein bewusster Akt: Im Entwurf des Konzilstextes von 1963 war der Begriff »Römische Kirche« noch gewählt worden. »Römisch« strichen die Konzilsväter unter anderem aus ökumenischer Rücksichtnahme. Der Papst wird in der dogmatischen Konzilsaussage über die Kirche nicht mehr als »Pontifex Romanus« (Römischer Brückenbauer), sondern schlicht als »Nachfolger Petri« bezeichnet. Doch 25 Jahre nach dem Konzil hob die Prälatur Opus Dei gezielt hervor, dass die katholische Kirche die »Römische Kirche« sei, und der Papst ist für sie der »Römische Pontifex«.[226]

Weiter: Die interne lateinische Schrift »Geist und Fromme Gewohnheiten des Opus Dei«, die ebenfalls einen hohen Verpflichtungsgrad hat, subsumiert sogar die Attribute, die der katholischen Kirche sowie der Ökumene insgesamt zukommen, unter dem Begriff »römisch«: »Wenn wir Römische Kirche sagen, bezeichnen wir damit nichts anderes als die eine, heilige, apostolische, katholische, universale, ökumenische Kirche.« In der Fußnote zu dieser Aussage ist, nebenbei bemerkt, festgelegt, dass die wichtigsten Gebete des Opus Dei bis hin zum Tischgebet – aus Liebe zur *römischen* Kirche – auf Lateinisch und in »römischer Aussprache« zu verrichten sind.

In dem genannten Testament unterstellt das Neumitglied »alle Handlungen und Werke meines Lebens« der »Autorität und Rechtsprechung« der katholischen Kirche. Das bedeutet: die Jurisdiktion der katholischen Kirche soll sich auf das gesamte Leben, also auch auf die gesellschaftlichen Tätigkeiten, des ehelosen Opus-Dei-Mitglieds erstrecken.

In diesem Zusammenhang ist ein Zitat aus der geheimen Führungszeitschrift *Crónica* aufschlussreich: »Wir haben den großen Ehrgeiz, die Institutionen der Völker, der Wissenschaft, Kultur, Zivilisation, Politik, Kunst und sozialen Beziehungen zu heiligen und zu christianisieren. Alles sollte christlich sein als ein kollektiver gesellschaftlicher Ausdruck des Glaubens der Menschen und als ein Werkzeug, Seelen zu retten, sie in ihrem Glauben zu erhalten und zu Gott zu führen.«[227]

Selbstverständlich kann eine Religionsgemeinschaft, will sie sich nicht selbst aufgeben, nicht darauf verzichten, die Gesellschaft in ihrem Sinne zu gestalten. In einer Demokratie dürften sich deshalb ihre Mitglieder – im Wettbewerb mit Andersdenkenden – einbringen und versuchen, auf diese Weise ihre Chancen zu nutzen. Aber wie das Zitat und die beschriebenen gesellschaftlichen Techniken zeigen, entspricht dies offenbar nicht dem ideologischen Ansatz des Opus Dei. Sondern: Nicht einfach die Menschen sollen durch persönliches christliches Zeugnis zu Christen werden. Sondern angewandt wird erneut die bereits geschilderte Methode, von oben nach unten einzusteigen und sich dann nach unten voranzuarbeiten: die gesellschaftlichen Institutionen, schließlich die Gesellschaft, sollen christianisiert, genauer: katholisiert, werden. Und dann, so denkt man offenbar, werden auch alle Menschen katholisch.

Denn die gesellschaftlichen Institutionen, die »christianisiert« werden sollen, sind zum Beispiel: Parteien, Gewerkschaften, Universitäten, EU, UNO. Sie alle zu christianisieren wäre indes die christliche »Taufe der Gesellschaft«, die das Mittelalter angestrebt, aber nicht ereicht hat. Da bliebe für unseren weltanschaulichen und weit gefächerten demokratischen Pluralismus kaum Platz. Denn was wäre dann mit Protestanten, Juden, und erst recht mit Atheisten? Sie alle, die Andersdenkenden, wären wie Ketzer ausgegrenzt.

Hier zeigt sich eine große Gefahr. Nicht nur kirchlich, sondern auch gesellschaftlich läuft die Theologie des Opus Dei auf Ausschluss hinaus: auf eine Intoleranz, die dem Evangelium widerspricht und die der Demokratie schadet. Da würden dann alle Nichtkatholiken, die evangelischen Christen inbegriffen, aus den gesellschaftlichen Institutionen zu entfernen sein – es sei denn, sie könnten dem sanften Licht des *römisch*-katholischen Glaubens, der ihnen Erlösung bringt, zugeführt werden.

Die These vom heiligen Zwang

Unter diesen Vorzeichen zeigte sich Escrivá nicht zimperlich: Er deutete an, dass die Mittel des Opus Dei nicht hinterfragt werden müssen, wenn der fromme Zweck der Seelenrettung obenan steht und die Mittel des Opus Dei heiligt: »Die Mittel interessieren uns nicht um ihrer selbst willen, sondern allein und ausschließlich zur Rettung der Seelen.«[228]

Erzwungene Bekehrung? Immerhin verkündete der neue Heilige: »Die Ebene der Heiligkeit, die der Herr von uns wünscht, ist durch diese drei Punkte bestimmt: heilige Unnachgiebigkeit, heiliger Zwang und heilige Unverschämtheit.«[229]

»Heiliger Zwang«. Ein klares Wort, wie es scheint. Doch der schweizerische Opus-Dei-Priester Martin Rhonheimer verwahrt sich entschieden dagegen, der selige Escrivá de Balaguer habe Zwangsbekehrungen erreichen wollen. Er präsentiert ihn als einen »Pionier der Liebe zur Freiheit, der Respektierung Andersgläubiger«, der »mit allen, über konfessionelle und andere Grenzen hinweg, zusammenarbeiten«[230] wollte. Der Ausdruck »heiliger Zwang« sei »für Escrivá durchaus untypisch«. Rhonheimer weist auf ein Zitat Escrivás hin: Darin greife er aus dem Evangelium das Gleichnis des Gastgebers (Lk 14,23) auf, der seine Knechte ausschickt, damit sie alle an Straßen und Zäunen »nötigen« würden, zu seinem Gastmahl zu kommen (»compelle intrare«). Das »compelle intrare«, die Anordnung Jesu zur Nachfolge, dürfe, wie Escrivá sage, nicht mit Zwang verwechselt werden, sondern sei der »mitreißende Schwung des christlichen Beispiels, das wirksam ist wie die Kraft des christlichen Beispiels, das wirksam ist wie die Kraft Gottes«[231]. Rhonheimer schreibt, dass Escrivás Ausdruck »heiliger Zwang« seines Wissens »gerade nur an dieser einen Stelle vorkommt«.

Doch damit baut Rhonheimer ein unzutreffendes Bild des neuen Heiligen auf. Jedenfalls stimmt es nicht, dass Escrivá sich nur an dieser einen Stelle auf den »heiligen Zwang« beruft. Vor allem intern hat er den Begriff des Öfteren verwandt.[232]

Der Professor für Ethik und politische Philosophie an der Universität des Opus Dei in Rom polemisiert sogar: Ein Autor, der Escrivás Wort vom »heiligen Zwang« wörtlich nehme, es aber nicht »gerade im metaphorisch-analogen Sinne« gebrauche und ihm »daraus einen Strick dreht, erinnert unweigerlich an gewisse Pharisäer aus dem Evangelium«.[233]

Der angebliche christliche Pharisäer – der diesen Begriff und den damit verbundenen Vorwurf jüdischer Heuchelei als Beleidigung der Juden zurückweisen sollte – könnte Rhonheimer allerdings leicht widerlegen, wenn er auf »Camino« Nr. 399 hinweist. Dort schreibt Escrivá nämlich:

»Um ein irdisches Leben zu retten, wendet man unter dem Beifall aller jede mögliche Gewalt an, um den Menschen vom Selbstmord zurückzuhalten. – Sollen wir nicht den gleichen Zwang anwenden, den heiligen Zwang, um das Leben vieler zu retten, die idiotischerweise unbedingt den Selbstmord ihrer Seele verüben wollen?«[234]

Das Wort »Gewalt«, das Escrivá hier gebraucht, heißt im spanischen Original »fuerza«. Das ist ein starker Begriff, der auch physische Gewalt, Brachialgewalt, beinhaltet, um jemanden vom Selbstmord zurückzuhalten. Im nächsten Satz setzt Escrivá »fuerza« und »coacción« (»la misma coacción«) gleich: Das Mittel »fuerza« ist der »coacción« gleichgestellt, und dieses Mittel wird dann geheiligt: »la santa coacción«.

Hier ist ein zentraler Punkt katholischer Kirchenpolitik und politischer Ethik betroffen. Das katholische Kirchenrecht (CIC) untersagt in Canon 748 § 2 ausdrücklich die »coacción«: Es ist nicht erlaubt, Menschen durch »coactionem« zum katholischen Glauben zu bekehren. Damit widersagt der CIC einer zentralen Begründungsformel der Inquisition. Sie hat nämlich das »Compelle intrare« als Rechtfertigung gebraucht, um Abweichler und Häretiker nach kirchlicher Verurteilung durch den Staat bestrafen, nicht selten hinrichten zu lassen.

Rhonheimer führt in seinem Beweisgang allerdings ein Zitat Escrivás an, in dem dieser aussage, das »compelle intrare« meine »nicht physischen oder moralischen Zwang«.[235] Das Zitat stammt aber aus dem Buch »Freunde Gottes«[236], das 1977, also nach Escrivás Tod, von seinem Nachfolger, del Portillo, unter dem Titel »Amigos de Dios« (»Freunde Gottes«) veröffentlicht worden ist und in dem er »Homilien« Escrivás präsentiere. Dagegen ist in einem Büchlein, das 1974 noch zu Escrivás Lebzeiten erschienen ist und in dem er sich – ebenfalls in einer Homilie – mit der »Achtung der Freiheit der Person«[237] beschäftigt, auch nicht ein einziger Gedanke wie der aus »Freunde Gottes« zitierte enthalten.

Merkwürdig ist außerdem: In der internen Zeitschrift *Crónica* befasste sich Escrivá anno 1971, also zu seinen Lebzeiten, in dem Artikel »A todos los caminos« ebenfalls mit dem »compelle intrare«.[238] Da schrieb er einerseits, das »compelle intrare« sei voll vereinbar mit einem »feinen Respekt gegenüber der Freiheit der Seele – delicado respeto a la libertad de las *almas*« [Kursivdruck durch den Verf.], aber andererseits hob er hervor: Das »compelle intrare« sei ein »absoluter Gegensatz – absolutamente contrario« zu »*menschlicher* Rücksichtnahme – respeto *humano«* [Kursivdruck durch den Verf.]. Das erinnert durchaus an inquisitorische Zwangsmaßnahmen: den menschlichen Körper vernichten, um die Seele zu retten.

Der Widerspruch zwischen Texten des »El Padre«, sofern sie einerseits zu seinen Lebzeiten und andererseits nach seinem Tode erschienen, könnte sich so aufklären: In den Büchern Escrivás, die posthum veröffentlicht worden sind,[239] kommen scharfe und deutliche Aussagen wie im »Camino« oder in den internen Schriften nicht vor.[240] Der vermeintliche Pharisäer muss deshalb fragen, ob das Zitat tatsächlich Escrivás Originalzitat sei oder ob es, bevor es nach seinem Tode herauskam, für die Drucklegung bearbeitet, bis zur Unkenntlichkeit abgemildert worden sei und heute vom Opus Dei denen, die diese Zusammenhänge nicht kennen, zur Tilgung inquisitorischer Züge Escrivás erfolgreich entgegengehalten werde.[241]

Wenn aber Escrivá, als er noch lebte, im Gegensatz zum womöglich redigierten und hinzugefügten »Zitat« von 1977, in »Camino« Nr. 399 Gewalt und heiligen Zwang gleichsetzte, legte der wirkliche Escrivá damit nahe, dass – wenn zur Seelenrettung erforderlich – eben doch Gewalt angewandt werden könne. Es ist nicht nur merkwürdig, sondern vor allem aufschlussreich, dass der römische Hochschullehrer des Opus Dei dieses höchst brisante »Camino«-Zitat Nr. 399 nicht berücksichtigt.

Der veröffentlichte und der echte Opus-Dei-Gründer

Kein Zweifel: Das Bild, das vom neuen Heiligen erstellt und der katholischen Welt vorgestellt wird, entspricht nur teilweise der Wirklichkeit. In der Festschrift zum 100. Geburtstag Escrivás[242] bringt fast jeder Beitrag zur Sprache, dass er die Heiligkeit aller Christen wiederentdeckt habe und dass er insofern zum Vorläufer des Zweiten Vatikanischen Konzils geworden sei. Verschwiegen jedoch wird der Escrivá des blinden Gehorsams und der Gewalt, des selbst ernannten Generalstabs Christi und seiner lautlosen Panzer, der sich dem Konzil weitgehend verweigert hat. Darauf hat schon 1984, neun Jahre nach Escrivás Tod, Vladimir Felzmann hingewiesen – einer derjenigen, die vom Prozess der Kanonisierung Escrivás ausgeschlossen blieben: »Es gibt zwei Escrivás. Der eine ist der echte, menschliche Escrivá, der er wirklich war. Der andere ist der Escrivá, dessen Image vom Opus Dei veröffentlicht wird. Ein kleines Detail: wenn er bei einer Zusammenkunft etwas sagte, das man festhalten wollte, dann war es nicht erlaubt, sich Notizen zu machen. Denn das, was hinterher veröffentlicht wurde und was er gesagt haben sollte, war nicht exakt das, was er wirklich gesagt hatte. Es war für die Öffentlichkeit zurechtgemacht ... Als er jünger war, pflegte er zu sagen: ›Heilige sind wirkliche menschliche Wesen, mit allen Fehlern. Wir sollten aufrichtig sein. Ich hasse Lebensbeschreibungen von Heiligen, weil sie falsch sind, unecht, unwirklich, weil sie nur gut zeichnen. Heilige waren Menschen wie du und ich, die jeden Tag Gefechte verlieren und gewinnen.‹ Was sich dann ereignete, war nach meiner Einschätzung, dass in den sechziger Jahren ... Furcht sich ausbreitete, im wesentlichen wegen des Zweiten Vatikanischen Konzils, das sich gegen ihr Ideal der Kirche richtete, gegen die vorkonziliare Zielvorstellung, gegen die Sicht Pius X. Das Zweite Vatikanische Konzil öffnete sich der Welt. In den späten sechziger und frühen siebziger Jahren zog die Furcht ein: die Dinge fallen auseinander in der Kirche, infolge des Zweiten Vaticanums ... Es ist eine Tatsache, dass er [Escrivá] zeitweise sehr deprimiert war, in der Zeit nach dem Zweiten Vatikanischen Konzil war er äußerst deprimiert. Aber ich denke, es ist viel heroischer zu sagen, der Mann war äußerst deprimiert und kämpfte, als zu sagen, er sei mit allem spielend fertig geworden. Denn das stimmt nicht.«[243]

Wohlan denn: Das Opus Dei und seine Sympathisanten haben guten Grund, ihrem Vorbild nachzueifern: den heroischen Tugendgrad, den der Papst ihrem Gründer zuspricht, auch ihrerseits zu erwerben und heroisch die dunkle Seite Escrivás zuzugeben. Vor allem: offen zu sagen, weshalb Macht und Kapital angesammelt werden, wie sie heute erworben und wozu sie gebraucht werden; offenzulegen, weshalb gesellschaftliche Schlüsselpositionen angestrebt werden.

Dann wäre es möglich, eine offene Auseinandersetzung mit ihnen zu führen: mit ihrem Kirchenbild und ihrer Spiritualität, aber auch mit ihrer Kirchenpolitik – sicherlich zum Wohle der katholischen Kirche, vielleicht sogar zum Wohle der geschmähten nichtkatholischen Christenheit und unserer demokratischen Entwicklung.

ANHANG 1

Ehrendoktoren der Opus-Dei-Universität Pamplona

1964: Juan Cabrera y Felipe, Miguel Sancho Izqierdo (beide Spanien)
1967: Guilherme Braga da Cruz (Portugal); Ralph M. Hower (USA); Carlos Jiménez Díaz (Spanien); Willy Onclin (Belgien); Jean Roche (Frankreich); Otto B. Roegele (Deutschland)
1972: Juan de Contreras y López de Ayala (Spanien); Erich Letterer (Deutschland); Paul Ourfiac (Frankreich)
1974: Franz Hengsbach (Deutschland); Jérôme Lejeune (Frankreich)
1989: Elizabeth Anscombe, Christopher M. Sellars (beide England); Roger Etchegaray (Frankreich); José María Lacarra y de Miguel, Angel Santos Ruiz (beide Spanien); John H. McArthur (USA)
1994: Jorge Carreras Llansana (Spanien); Francecso Cossiga (Italien); Rafael Frühbeck de Burgos (Spanien/Deutschland); Robert Spaemann, Leo Scheffczyk (beide Deutschland); Tadeusz Styczen (Polen)
1998: Douwe Breimer (Niederlande); Joseph Ratzinger (Vatikan/ Deutschland); Julian Simon (USA).

ANHANG 2

Bischöfe des Opus Dei

Erzbischöfe

1989: Juan Ignacio Larrea Holguín, Erzbischof in Guayaquil/Ecuador und Militärbischof in Ecuador (1969 Weihbischof)
1994: Julián Herranz Casado, Titular-Erzbischof an der römischen Kurie (1991 Titular-Bischof)
1995: Fernando Sáenz Lacalle, Erzbischof von San Salvador (1985 Weihbischof)
1996: Luis Sánchez-Moreno Lira, Erzbischof von Arequipa/Peru (1961 Weihbischof, 1968 Bischof von Yauyos/Peru)
1999: Juan Luis Cipriani Thorne, Erzbischof von Lima/Peru (1988 Weihbischof; 1995 Erzbischof von Ayacucho; 2001 Kardinal).
2000: Alfonso Delgado Evers, Erzbischof von San Juan de Cuyo/Argentinien (1986 Bischof von Santo Tomé)

Bischöfe

1987: Hugo Eugenio Puccini Banfi, Bischof von Santa Marta /Kolumbien (1978 Weihbischof)
1989: Klaus Küng, Bischof von Feldkirch/Österreich

1994: Javier Echevarria Rodriguez, Titular-Bischof als Leiter der Personalprälatur Opus Dei;
Francisco Polti Santillán, Bischof von Santo Tomé/Argentinien
1995: Antonio Arregui Yarza, Bischof von Ibarra/Ecuador (1990 Weihbischof)
1996: Juan Antonio Ugarte Pérez, Bischof in Yauyos/Peru (1983 Weihbischof)

Weihbischöfe

1990: Rafael Llano Cifuentes (Rio de Janeiro /Brasilien)
1991: Luis Gleisner Wobbe (Rancagua/Chile)
2001: José H. Gomez (Denver/USA)

Emeritierte Bischöfe

Enrique Pélach y Feliu (1968 Bischof von Abancay/Peru)
Adolfo Rodríguez Vidal (1988 Bischof von Los Angeles/Chile)

Ehemalige Bischöfe

Alvaro del Portillo (1990 Titular-Bischof als Leiter der Personalprälatur Opus Dei, 1994 gestorben)
Ignacio Maria de Orbogozo y Goicoechea, (1968 Bischof von Chiclayo/Peru; 1998 gestorben)

Bischöfe aus dem Diözesanklerus

Zahlen und Namen der Bischöfe aus dem Diözesanklerus, die nicht Mitglieder des Opus Dei, aber der Priestergesellschaft vom Heiligen Kreuz sind, bleiben in der Regel bis zu ihrem Tode geheim. Doch einer gab sich zu erkennen: Titular-Erzbischof Justo Mullor García, Vatikan, gehört nach eigenem Bekunden der Priestergesellschaft an. Auch Francisco Gil Hellín, der 2002 zum Erzbischof von Burgos ernannt wurde, dürfte zu ihr zählen.

ANHANG 3

Priester des Opus Dei mit päpstlichen Titeln

Prälaten Seiner Heiligkeit

1986: Amadeo de Fuenmayor Champin; Tomás Gutiérrez Calzada; Mario Lantini; Francisco Vives Unzué
1987: Francesco Angelicchio; Luigi Tirelli
1988: José Luis Gutiérrez Gómez
1989: Juan Baptista Torelló
1991: Ignacio Carrasco de Paula
1992: Elia Acerbis; Emilio Bonelli; Ignacio Celaya Urrutia; José Ramon Madurga; Juan Antonio Massó; Paulus Nitta Soichiro; César Ortiz de Echagüe; Antonio Rodríguez Pedrazuela; Roberto Salvat Romero; Ernesto Sántillan Ortiz; Rolf Thomas

1993: Johannes L. Bernaldo; Ernst Burkhardt; Gregory Haddock; José Luis Illanes Maestre; José Luis López-Jurado Escribano; Pedro Rodríguez Garcia
1994: Lluis Clavell Ortiz-Repiso
1997: Fernando Maycas
1998: Vicente Ancona López; Christoph Bockamp; Frederick Melvin Dolan; Sabino Gabiola; Ramón López Mondejar; Lucio Norbedo; Augustin Roméro; Richard Anderson Stork

Kapläne Seiner Heiligkeit:

1986: Joaquín Alonso Pacheco
1987: Klaus Martin Becker
1990: Fernando Ocáriz
1991: Julio Atienza González
1992: Gásperi Italo Altimari; Fernando de Moura e Castro Brandao; Fernandes de Azevedo; Francesco di Muzio; José Durán Santson; Rafael Fiol Mateos; Alejandro González Gatica; Francisco Javier Hervás Ocana; James A. Kelly; Dominique le Tourneau; Roberto Lozano Morales; César Martinez Costas; Carlos Nannei; Donal O'Cuillenain; Francisco Sánchez-Casas; António Adolfo Silva e Barbosa; Hermann Steinkamp
1993: Pedro Barreto Celestino; Carlos José Errácuriz Mackenna;
Javier García de Cárdenas
1994: José Tomás Martin de Agar y Valverde
1995: Stefano Miglorelli
1997: Philippe Jourdan, Osvaldo Neves de Almeida
1998: Paulino Busca Maganto; Flavio Capucci; Ignacio Gramunt de Moragas; Antonio Livi; Joaquín Llobell; Nicholas Morrish; Hernán Salcedo Plazas
2000: Pasquale Silvestri

ANHANG 4

Staaten, in denen die Prälatur Opus Dei errichtet ist

Deutschsprachige Staaten: siehe Seite 74 ff. (dort auch Erläuterungen)

Argentinien: Beginn 1950; etwa 2000 Mitglieder
Zentren in: Buenos Aires, Comodoro Rivadavia, Córdoba, Lomas de Zamora, San Isidoro, Rosario, Tucumán
Mitglieder und wichtige Sympathisanten: Alfonso Delgado Evers (1), Erzbischof von San Juan de Cuyo; Francisco Polti Santillán (1), Bischof von Santo Tomé; Jorge María Mejía (3), Kurienkardinal (Rom)
Korporative Einrichtung: Asociación Promotora de la Educación y Deporte (Apred)

Kulturzentren: La Loma, Centro Cultural y Deportivo Oeste, Centro de Extensión Cultural (alle Buenos Aires)
Universitäten und Hochschulen: Universidad Austral, Instituto de Altos Estudios Empresariales-IAE (beide Buenos Aires)
Einrichtung für StudentInnen: Centro Universitario Los Alero (Buenos Aires)
Bildungseinrichtung: La Chacra
Schulen für Frauen bzw. Hilfs-Numerarierinnen: Instituo de Capacitacion integral en Estudios Domésticos, Centro Cultural y Deportivo Oestre (beide Buenos Aires)

Australien: Beginn 1963; etwa 300 Mitglieder
Zentren und Stützpunkte in: Brisbane, Hobart, Melbourne, Perth, Roseville, Sydney
Wichtiger Sympathisant: Edward Iris Cassidy (3), ehemaliger Kurienkardinal (Rom)
Korporative Vereinigung: Educational Development Association (E.D.A.)
Kulturzentren: Kenthrust Study Centre; Dartbrooke Study Centre; Westburne Study Centre
Einrichtungen für StudentInnen: Warrane College (m Sydney); Creston College (w Sydney)
Schule für Frauen bzw. Hilfs-Numerarierinnen: Kenvale Training Centre (Lindfield)
Verein für Eltern: Foundation Pared (Parents for Education)

Belgien: Beginn 1965; etwa 300 Mitglieder
Zentren in: Antwerpen, Brüssel, Dongelberg, Lüttich, Löwen, Louvain-la-Neuve.
Wichtige Mitglieder und Sympathisanten: Godfried Danneels (3), Kardinal und Erzbischof von Mechelen-Brüssel, Präsident der belgischen Bischofskonferenz; Jan Pieter Schotte (3), Kurienkardinal (Rom); Giovanni Moretti (3), Titular-Erzbischof, Apostolischer Nuntius. – André van Beylen (Fondation Industrie-Université); Georges Ugeux (Finanzdirektor der Societé Générale); Daniel Gillet (Vizepräsident des Verwaltungsrates der Bank Brüssel-Lambert); Baron Claude de Villenfagne de Vogelsanck, Chef der Banque d'épargne; Karel van der Straaten, Versicherungschef; Albert Coppé, ehemaliger Minister
Korporative Vereinigung: Cooperative für Kulturzentren – CCC (m Brüssel)
Stiftungen: Progredi; Assoziation ACTEC
Bank mit Verbindungen zu Opus-Dei-nahen Institutionen: Amro-Bank
Kulturzentren: Fontenelle; Groenendal; Serma (alle Brüssel)
Einrichtungen für StudentInnen: Residentie Steenberg (m), Residentie Arenberg (w) (beide Löwen); Résidence universitaire Bauloy (m), Résidence universitaire Neussart (w) (beide Louvain-la-Neuve)
Bildungszentren: Centre de rencontres (Dongelberg); L'Institut de Formation post-universitaire (Brüssel)
Schulen für Frauen bzw. Hilfs-Numerarierinnen: Centre d'études pour la femme (Brüssel); Centre de rencontres (Dongelberg)
Gesellschaftliche Einrichtung: Fondation Internationale de la Famille (IDF)

Bolivien: Beginn 1977; 1000 Mitglieder (geschätzt)
Zentren in: Cochabamba, La Paz

Brasilien: Beginn 1957; etwa 1000 Mitglieder
Zentren und Stützpunkte in: Belo Horizonte, Brasilia, Campinas, Curitiba, Londrina, Niterói, Rio de Janeiro, Sao José Dos Campos, Sao Paulo, Sorocaba
Mitglied und wichtige Sympathisanten: Rafael Llano Cifuentes (1), Weihbischof in Rio de Janeiro; Lucas Moreira Neves (3), ehemaliger Kurienkardinal (Rom); Eugenio Sales de Araújo (3), Kardinal, Erzbischof von Rio de Janeiro; Serafim Fernandes de Araújo (3), Kardinal, Erzbischof von Belo Horizonte
Kulturzentren: Centro Cultural Angra; Centro Cultural Pinheiros (beide Sao Paulo)
Einrichtungen für StudentInnen: Centro di Extensao Universitaria di Sao Paulo; Centro Universitario di Tijuca (Rio de Janeiro); Centro Universitario Pacaembu
Bildungseinrichtungen: Centro Educativo Pedreira (Sao Paulo); Centro Social Morro Velho (Sao Paulo)
Schule für Frauen bzw. Hilfs-Numerarierinnen: Centro Técnico y Cultural Cetec (Sao Paulo)

Chile: Beginn 1950; etwa 3000 Mitglieder
Zentren und Stützpunkte in: Antofagasta, Arica, Calama, Chimbarango, Chillan, Concepción, Iquique, La Serena, Los Andes, Melipilla, Osorno, Puente Alto, Puerto Montt, Punta Arenas, Quilimar, Quillota, Rancagua, San Bernardo, San Fernando, Santa Cruz, Santiago de Chile, Temuco, Valdivia, Vina del Mar
Wichtige Mitglieder: Luis Gleisner Wobbe (1), Weihbischof in Rancagua; José Ibánez-Langlois (1), Priester und Ideologe
Mitglied der Mitarbeiter-Assoziation: Angel Kreiman, Rabbiner
Kulturzentren: Centro Cultural Alborado (Santiago de Chile); Centro Cultural Tabancura (Santiago de Chile)
Einrichtungen für StudentInnen: Residencia Alborada (Santiago de Chile); Residencia Universitaria Alameda (Santiago de Chile); Colegio Tabancura (Santiago de Chile)
Universität: Universidad de los Andes
Bildungszentren: Instituto de Secrétarias Intérpretes (Santiago); Escuela Agrícola Las Garzas (Chimbarango)
Gesellschaftliche Einrichtung: Fondación »Fare Famiglia«(Santiago de Chile)

China: Beginn 1981 in Hongkong; etwa 20 Mitglieder
Zentrum in: Hongkong
Beginn: 1989 in Macau; etwa 30 Mitglieder
Zentrum in: Macau
Bildungsstätte: Hac Sa Conference Centre

Costa Rica: Beginn 1959; 100 Mitglieder (geschätzt)
Zentrum in: San José de Costa Rica
Kulturzentrum: Centro Estudiantil Miravalles (San José)

Dominikanische Republik: Beginn 1988; 200 Mitglieder (geschätzt)
Zentren und Stützpunkte in: Jarabacoa, Santo Domingo
Wichtiger Sympathisant: Nicolas de Jesús López Rodriguez (3), Kardinal, Erzbischof von Santo Domingo, Präsident der dominikanischen Bischofskonferenz
Einrichtung für StudentInnen: Vallenuevo (Santo Domingo)

Ecuador: Beginn 1954; etwa 1000 Mitglieder
Zentren in: Guayaquil, Ibarra, Quito
Mitglieder und wichtige Sympathisanten: Juan Ignacio Larrea Holguin (1), Erzbischof von Guayaquil; Antonio Arregui Yarza (1), Bischof d'Ibarra; Antonio José González Zumárraga (3), Kardinal, Erzbischof von Quito, Primas von Ecuador
Einrichtungen für StudentInnen: Ilinizas (Quito); Los Esteros, Guayalar (beide Guayaquil)
Bildungszentren: Colegio Los Pinos (Quito); Centro de Estudiantes Los Esteros, (Guayaquil); Instituo de Desarollo Empresarial (IDE) (Guayaquil); Scuola Intisana (Quito); Instituto de Desarrollo Empresarial – IDE (Guayaquil); Delta (Guayaquil); Torremar (Guayaquil)
Schulen für Frauen bzw. Hilfs-Numerarierinnen: Centro de Estudiantes Tulpa (Quito); Scuola Alberghiera Solana (Valle di Tumbaco); Scuola Alberghiera El Coral (Guayaquil)

Elfenbeinküste: Beginn 1980; etwa 100 Mitglieder
Zentrum und Stützpunkte in: Abidian, Ganoa, Yamoussoukro
Kulturzentren: Comoè; Danga (beide Abidjan)
Bildungsstätten: Lycée Classique (Abidjan); École d'ingenieurique électronique
Schulen für Frauen bzw. Hilfs-Numerarierinnen: Lycée Mami Adjoua; Lycée de Garcons de Bingerville

El Salvador: Beginn 1958; etwa 150 Mitglieder
Zentrum in: San Salvador
Wichtiges Mitglied: Fernando Sáenz Lacálle (1), Erzbischof von San Salvador
Einrichtungen für StudentInnen: Doble Via; Izamar (w)
Bildungsstätte: Centro de Desarrollo Cultural y Educative La Lomita
Schule für Hilfs-Numerarierinnen: Escuela técnica de Hoteleria y Hogar Montemira (San Salvador)
Gesellschaftliche Einrichtung: Fondación »Vita y Famiglia«

Estland: Beginn 1996; etwa 10 Mitglieder
Zentrum in: Tallinn
Wichtiges Mitglied: Philippe Jourdan (1), Diplomat des Hl. Stuhls und Generalvikar der Apostolischen Administratur
Korporatives Werk: Haridusselts Rävala
Einrichtung für Schüler/Studenten: Alfa Klubi

Finnland: Beginn 1987; etwa 10 Mitglieder
Zentrum in: Helsinki
Kulturzentren: Bulevardi Foorumi; Vanhan (beide Helsinki)

Frankreich: Beginn 1947; 1400 Mitglieder
Zentren und Stützpunkte in: Aix-en-Provence, Bordeaux, Clermont-Ferrand, Couvrelles, Grenoble, Lille, Lyon, Marseille, Mülhausen, Nancy, Nantes, Nice, Nîmes, Neuilly-sur-Seine, Paris, Perpignan, Puteaux, Reims, Rennes, Rouen, Saint-Laurent du Pont, Soissons, Straßburg, Toulouse, Tours
Mitglieder und wichtige Sympathisanten: Roger Etchegaray (2), Kurienkardinal (Rom); Louis-Marie Billé (3), Kardinal, Erzbischof von Lyon, Präsident der französischen Bischofskonferenz; Jean-Marie Lustiger (3), Kardinal, Erzbischof von Paris; Bernard Panafieu (3), Erzbischof von Marseille; Paul Poupard (3), Kurienkardinal (Rom). – Claude Bébéar, Direktor der AXA-Versicherungen; Françoise de Bourbon-Lobkowicz, SAR-Präsidentin; Prince Edouard Lobkowicz, Botschafter des Souveränen Malteserordens; Christine Boutin, Abgeordnete; Hervé Gaymard, Abgeordneter; Henri Pradier, ehemaliger Direktor der Shell-France und heutiger Direktor der französischen Werke des Souveränen Malteserordens; Louis Schweitzer, Renault-Präsident; Francoise Seillier, Mitglied des Europa-Parlaments.
Korporative Werke: Société Anonyme d'Investissements pour le Développement Culturel (SAIDES); Association Jeunesse, Éducation et Loisirs; Association pour le Développement des Cultures; Société de patrimonie éducatif et culturel (Sopec)
Stiftung: Société Alpha-France
Banken und Industrieunternehmen mit Verbindungen zu Opus-Dei-nahen Institutionen: Banco Popular Espanol en France; Banque de l'Indochine; Banque de l'Union Européenne Industrielle et Financière; Banque des Intérêts Français; Banque occidentale
Kulturzentren: Adrech, La Rolière (beide Aix-en-Provence); Veymont, Lanfrey (beide Grenoble); Mont d'Or, Salvagny (beide Lyon); Castelvieil, Valensole (beide Marseille); Fontneuve, Solférino, Rouvray (w), Neuilly (w), Brévent, Garnelles (alle Paris); Nideck, Imsthal (beide Straßburg); Cayras, Loubeiac (beide Toulouse)
Bildungsstätte: Centre de Rencontres de Couvrelles (Soissons)
Einrichtungen für StudentInnen: Castelvieil (Marseille); Brévent (Paris)
Haushaltungsschule für Hilfs-Numerarierinnen: Ecole technique d'hôtellerie Dosnon (Braine/Soissons)
Institute und Vereine: Association pour la Famille – APF (Paris); Association Solidarité Service; Jérôme Lejeune Foundation; Association de Culture Universitaire et Technique (ACUT, m.); Association Mode, Art, Decoration (M.A.D., w.); Association culture et art (ACA, w.) SCI Domaliane; Association pour le développement des cultures (ADC); Catoliques pour les libertés économiques (CLE); Institut culturel et technique d'utilité sociale (I.C.T.U.S.)

Großbritannien: Beginn 1946; 100 Mitglieder (geschätzt)

Zentren und Stützpunkte in: Bangor, East Grinstead, Glasgow, Hereford, London, Ipswich, Macclesfield, Manchester, Oxford
Wichtige Sympathisanten: Cormac Murphy-O'Connor (3), Kardinal, Erzbischof von Westminster; John Aloysius Ward (3), Erzbischof von Cardiff
Korporative Werke: Netherhall Educational Association – NEA (m); Dawliffe Educational Foundation (w); Greygarth Association Ltd.; Trust House Forte
Stiftung: Netherhall House Trust
Kulturzentren (zum Teil Einrichtungen für StudentInnen): Netherhall House (m), Ashwell House (w), Dawliffe Hall (m), Shelley House, Lakefield (alle London); Glenalvon Cultural Centre (Glasgow); Grandpont House (Oxford); Greygarth Hall, Coniston Hall (beide Manchester)
Bildungszentren: Wickenden Manor (East Grinstead); Thornycroft Hall (Macclesfield); Breakfield, Elmore Study Center (beide London); Dunreath Study Center (Glasgow)
Schule für Frauen bzw. Hilfs-Numerarierinnen: Lakefield Housecraft and Educational Center (London)

Guatemala: Beginn 1953; 500 Mitglieder (geschätzt)
Zentren in: Guatemala City, Vieja
Korporatives Werk: Fundación Centroamericana por la Iniciativa del Sector Privado
Kulturzentrum: Residencia Verapez (Guatemala City);
Stiftung: Fundación Fundap
Einrichtungen für StudentInnen: Ciudad Vieja, Verapaz, Balanyá (alle Guatemala City)
Schulen: Kinal(m), Jukabal, Escola San Pedro La Laguna (alle Guatemala City)
Schulen für Frauen bzw. Hilfs-Numerarierinnen: Centro de Formación y Capacitación Obrera Kinal; Escuela de Capacitación de mujeres Junkabal, Escuela Técnica de Hostelería Zumil (beide Guatemala City)
Institute und Vereine: Assocación Univida; Instituto Femenino de Estudios Superiores – IFES (Guatemala City)

Honduras: Beginn1980; 100 Mitglieder (geschätzt)
Zentrum in: Tegucicalpa
Kulturzentrum: Centro Educativo Taular (Tegucicalpa)
Verein: Associación de Estudios de la familia de Honduras

Indien: Beginn 1993; etwa 10 Mitglieder
Zentrum in: New Delhi
Kulturzentren: Kamet Study Center; Vatsalya Cultural Center
Schule: Sahoday School (New Delhi)

Irland: Beginn 1947; etwa 1200 Mitglieder
Zentren und Stützpunkte in: Ballyglunin, Belfield, Carrickburn, Dalkey, Derry, Donnybrook, Dublin, Dun Laoghaire, Galway, Naas (Kildare), Limerick, Monkstown, Salthill

Wichtige Sympathisanten: Séamus Hegarty (2), Bischof von Derry; Michael Neury (3), Erzbischof von Tuam. – Séamus Timoney, Professor und Waffenkonstrukteur
Korporative Werke: University Hostels Ltd.
Stiftungen: Educational Development Trust; Lismullin Scientific Trust; Tara Trust
Banken und Industrieunternehmen mit Verbindungen zu Opus-Dei-nahen Einrichtungen: Northern Bank; Bank of Ireland; Cement Ltd.
Kulturzentren: Earlsfort Terrace Centre, Surgeons Centre, Cleraun Study Centre (alle Dublin); Harveston Centre (m Dalkey); Riversdale Centre (w Monkstown); Overdale Centre (Limerick); Knapston Centre (Dun Laoghaire)
Einrichtungen für StudentInnen: Carraighburn University Centre (w), Ely University Centre, Nullamore University Residence, Ely Residence, Residence Glenard (alle Dublin); Ros Geal University Residence (Galway); Riversdale Study Centre (Monkstown); Glenard Hostel (Belfield); Carrickburn Study Centre (Donnybrook)
Bildungszentren: Conference Centre (Ballygluin); Racing Apprentice Centre of Education (Kildare); Lismullin Conference Centre (Lismullin)
Schulen: Rockbrook Park School, Rosemont Park School (w) (beide Dublin)
Schulen für Frauen bzw. Hilfs-Numerarierinnen: Ballabert Catering and Education Centre (Ballyglunin); Crannton Catering College (Dublin)
Institute und Vereine: Business Spouses Association; Institute for Family Development (beide Dublin)

Israel: Beginn 1993; etwa 20 Mitglieder
Zentrum in: Jerusalem
Wichtiger Sympathisant: Michel Sabbah, lateinischer Patriarch von Jerusalem
Kulturzentrum: Birantá Study Center

Italien: Beginn 1946; etwa 5000 Mitglieder
Zentren in: Albano, Bari, Bologna, Brescia, Castelgandolfo, Catania, Como, Florenz, Genua, L'Aquila, Mailand, Monreale, Neapel, Pisa, Padua, Palermo, Perugia, Rom, Trapani, Triest, Turin, Verona
Wichtige Mitglieder und Sympathisanten: Giacomo Biffi (3), Kardinal, Erzbischof von Bologna; Angelo Felici (3), Kurienkardinal (Rom); Michele Giordani (3), Erzbischof von Neapel; Pio Laghi (3), Kurienkardinal (Rom); Camillo Ruini (3), Kardinal, Generalvikar der Diözese Rom; Giovanni Saldarini (3), Kardinal, ehemaliger Erzbischof von Turin; Angelo Sodano (3), Kurienkardinal (Rom); Donigi Tettamanzi (3), Kardinal, Erzbischof von Genua. – Giulio Andreotti, ehemaliger Ministerpräsident; Rocco Buttiglione, Minister in der Regierung Berlusconi; Carlo Casini, ehemaliges Mitglied des Europa-Parlaments und Präsident des Movimento per la Vita; Francesco Cossiga, Senatsmitglied auf Lebenszeit; Ombretta Fumagalli Carulli, Abgeordnete; Adriana Poli Bortone, Mitglied des Europa-Parlaments; Francesco Rutelli, Mitglied des Europa-Parlaments; Cesare Salvi, Vizepräsident des Senats; Antonio Baldassare, Ehrenpräsident des Verfassungsgerichtes; Alberto Michelini, Medienexperte des Vatikan und persönlicher Botschafter des italienischen Regierungschefs

Berlusconi im Rahmen eines G8-Afrika-Plans; Gianmaria Roveraro, Bankier; Giovanni Trappatoni, Trainer der italienischen Fußball-Nationalmannschaft
Korporative Werke: Fondazione RUI in Rom und Mailand; CIMEA – akademisches Informationszentrum
Stiftungen: Istituto Lombardo per la Formazione Culturale Europea (Mailand); Istituto per la Cooperazione Universitaria (ICU)
Banken und Industrieunternehmen mit Verbindungen zu Opus-Dei-nahen Einrichtungen: Akros-Gruppe; Banca Credito Bergamesco; Banca Popular de Verona, Banco di Roma; Casa Centrale delle Cooperative; Fiduciaria Giardini; Finanziaria Astigianato Industria
Kulturzentren: Cavabianca (m), Villa Balestra (w beide Rom); Centro L'Arengo (Bologna); Poggio Alto (w Florenz); Riparia (Turin); Aspro (Mailand); Val di Mazara (Palermo)
Häuser für Mitglieder des Opus Dei, die in römischen Einrichtungen, insbesondere in der Kurie, tätig sind: Belvedere; Colonato; La Quercia; L'Arco; Porta Collina; Tre Fontane; Pompeo Magno o Orsini
Einrichtungen für StudentInnen: Della Nave (m Bari); Torleone (m Bologna); Falconara (m Catania); Delle Peschiere (m Genua); Giussano (m); Torrescalla (m); Torriana (w); Viscontea (w alle Mailand); Montavella (w Neapel); Mediterranea (w Palermo); Ripagrande, Villa delle Palme (w), Arcogrande (alle Rom); Pontenavi (m Verona); Clivia (w Verona). *Weitere in:* Florenz, Padua, Pisa, Turin, Triest
Universität und Kolleg: Pontificia Università della Santa Croce (m), Collegio Villa Balestra (w), Collegio Romano di Santa Maria (w alle Rom)
Schulen: Petranova (w), Monte Mario (m beide Rom)
Bildungszentren: Elis – Educazione, Lavoro, Instruzione, Sport (Rom); Casalamento; Centro Castelromano, Centro Internazionale Villa delle Rose (w beide Castelgandolfo); Calarossa (Palermo)
Schulen für Frauen bzw. Hilfs-Numerarierinnen: Centro Via di Valle Aurelia; Scuola Alberghiera Feminile Internationale - SAFI (beide Rom); Castello di Urio (Como)
Gesellschaftliche Einrichtung: Oikia Foundation

Japan: Beginn 1959; 50 Mitglieder (geschätzt)
Zentren und Stützpunkte: Ashiya-Osaka, Kioto, Nagasaki, Oita
Korporative Vereinigung: Seido Foundation for the Advancement of Education (Ashiya)
Kulturzentren: Seido; Ohara (beide Ashiya)
Einrichtung für StudentInnen: Seido (Nagasaki)
Bildungsstätten: Seido System Schools: zum Beispiel Yoshida Gakusei Senta (m), Shimogamo Academy (w beide Kioto); Ohara Bunka Senta (w Ashiya); Mihara, School Seido Sho-Chugakko, Seido Mikawadai (w alle Nagasaki)
Bildungszentren und Institute: Seido Language Institute (Ashiya); Seido Summer Study Abroad Programme; Misaki Seminar, Johnnandai Conference Center (beide Oita)

Haushaltungsschule für Hilfs-Numerarierinnen: Mikawa Cooking School (Nagasaki)

Kamerun: Beginn 1988; 30 Mitglieder (geschätzt)
Zentren in: Yaoundé
Wichtiger Sympathisant: Christian Wiyghan Tumi (3), Kardinal, Erzbischof von Duala/Kamerun
Kulturzentrum: Val d'or (Yaoundé)

Kanada: Beginn 1957; etwa 600 Mitglieder
Zentren und Stützpunkte in: Calgary, Montreal, Nicolet, Kingston, Ottawa, Quebec, Toronto, Valleyfield, Vancouver
Wichtige Sympathisanten: Edouard Gagnon (3), Kurienkardinal (Rom); Jean-Claude Turcotte (3), Erzbischof von Montreal
Korporatives Werk: Fondation pour la Culture et l'Éducation
Kulturzentren: Ullerston (Toronto); Kulturzentren an der rue Plantagenet, avenue des Pins, Redpath Crescent boulevard Rosement und avenue du Musée (Montréal)
Einrichtungen für StudentInnen: Riverview, Fonteneige University Residence (beide Montréal); Ernescliff College (Toronto); Parkhill Center (Ottawa)
Bildungsinstitut: Fondation Cultural Wellspring (Toronto)
Schule für Frauen bzw. Hilfs-Numerarierinnen: L'Essor-Centre de Formation pour la femme (Montréal)
Gesellschaftliche Einrichtung: Foundation Famille, Développement et Culture

Kasachstan: Beginn 1997; 10 Mitglieder
Zentrum in: Alma Ata
Wichtiger Sympathisant: Jan Pawel Lenga (3), Bischof von Karaganda, Apostolischer Administrator in Kasachstan

Kenia: Beginn 1958; etwa 200 Mitglieder
Zentrum in: Nairobi
Wichtiger Sympathisant: Maurice Michael Otunga (3), Kardinal, Erzbischof von Nairobi
Korporative Vereinigung: Kianda Foundation
Einrichtungen für StudentInnen: Strathmore College (m), Kianda Residence (w), Fanusi (w), Satima, Tigoni, Watani Hostel (alle Nairobi)
Bildungsstätten: Milikiwa-Institute, Kibondeni College (w), Kianda High School Kibondeni Catering School, Kianda Secretarial School (alle Nairobi)
Schule für Frauen bzw. Hilfs-Numerarierinnen: Kimlea Girls' Technical Training Centre (Nairobi)

Kolumbien: Beginn 1951; etwa 1500 Mitglieder
Zentren und Stützpunkte in: Barranquilla, Bogotá, Bucaramanga, Cali, Cartagena, Manizales, Medellín, Santa Maria
Wichtige Mitglieder und Sympathisanten: Hugo Eugenio Puccini Banfi (1), Bischof von Santa Marta; Alfonso López Trujillo (2), Kurienkardinal (Rom); Dario M.

Castrillón Hoyos (3), Kurienkardinal (Rom); Baltazar Porras Cardozo (3), Erzbischof von Mérida
Kulturzentren: Hontanar, Monteverde (beide Bogotá); Centro Cultural El Nogal
Einrichtung für Studentinnen: Inaya (Bogotá)
Universität und wissenschaftliches Institut: Universidad La Sabana à Bogotá; Instituto de Alta Dirección Empresarial-INALDE (Bogotá)
Schulen für Frauen bzw. Hilfs-Numerarierinnen: Monteverde Instituto superior de Ciencias Sociales y Economía familiar (beide Bogotá); Escuela Familiar Agropecuaria Guatanfur
Gesellschaftliche Einrichtungen: Fondación »Hacer«; Prodecosta; Corposol

Kongo, Demokratische Republik: Beginn 1980; 30 Mitglieder (geschätzt)
Zentrum in: Kinshasa
Wichtiger Sympathisant: Fréderic Etsou-Nzabi-Bamungwabi (3), Kardinal, Erzbischof von Kinshasa
Kulturzentren: Tangwa, Loango (beide Kinshasa)
Ambulatorium: Centre Medical Monkole (Kinshasa)
Schule für Frauen bzw. Hilfs-Numerarierinnen: Institut Supérieur en Sciences Infirmières (ISSI)

Libanon: Beginn 1996; etwa 10 Mitglieder
Zentrum in: Beirut

Litauen: Beginn 1994; etwa 50 Mitglieder
Zentren in: Kretinga, Vilnius
Wichtiger Sympathisant: Audrys Juozas Backis (3), Kardinal, Erzbischof von Vilnius
Kulturzentrum: Vilneles (Vilnius)

Mexiko: Beginn 1949; etwa 5000 Mitglieder
Zentren und Stützpunkte: Altocomulco, Chalapa, Chihuahua, Ciudad del Mexico, Coahuila, Cuernavaca Guadalajara, Hermosillo, Huixcolo, Jonacatepec, La Gavia, Mimihuapan, Monterrey, Puebla, Querétaro, San Carlos, San Luis de Potosí, Tamaulipas, Veracruz
Wichtige Sympathisanten: Norberto Rivera Carrera (3), Kardinal, Erzbischof von Mexico, Primas von Mexico; Adolfo Antonio Suárez Rivera (3), Kardinal, Erzbischof von Monterrey
Kulturzentren: Toshi (Altocomulco); La Rotonda, La Galvia, Centro Cultural »Lindavista« (alle Mexico City); Centro Dauro (Luis de Potosí); Centro Cultural »Amay«
Einrichtungen für StudentInnen: Residencia Universitaria Latinoamericana – RUL (Mexico D.F.); Centro Internacional de Estudios Superiores (Mexiko D.F.); Residencia Universitaria CIES (Mexico D.F.); Centro de Estudios Nayar (D.F.); Residencia Montesilla; Residencia Monterral (beide Monterrey); Residencia Universitaria Alto Valle (Guadalajara); Residenzia Universitaria Panamericana (Mexico D.F.); Residencia Universitaria Centenario (Hermosillo)

Bildungszentren: Centro Agropecuaria Experimental El Penón (Montefalco-Jonacatepec); Instituto de Desarollo Personal, Instituto Superior de Cultura y Arte (beide Mexico City).
Schulen und Universität: Escuela Familiare; Universidad Panamericana (Mexiko D.F.); Instituo Panamericano de Alta Dirección de Empresa (IPADE); Centro Escolar Cedros; Centro de capatación de artesanais (Chalapa); Escuela de Administración de Instituciones (ESDAI)
Schulen für Frauen bzw. Hilfs-Numerarierinnen: Instituto de Desarrollo Personal, Centro de Estudios Montefalco, Centro Latinoamericano de Estudios Universitarios »Hogar e Cultura«, Toshi (alle Mexico City)
Institute und Vereine: Associación para la Familia y la Educación (AMFE); Associación LOMA

Neuseeland: Beginn 1989; etwa 25 Mitglieder
Zentren und Stützpunkte in: Auckland, Hamilton, Wellington
Gesellschaftliche Einrichtung: Foundation Pared

Nicaragua: Beginn 1991; 50 Mitglieder (geschätzt)
Zentrum in: Managua
Wichtiger Sympathisant: Miguel Obando Bravo (3), Kardinal, Erzbischof von Managua
Kulturzentrum: Centro Universitario Villa Fontana

Niederlande: Beginn 1960; 200 Mitglieder (geschätzt)
Zentren und Stützpunkte in: Amsterdam, Hengelo, Maastricht, Moergestel, Tilburg
Wichtige Sympathisanten: Adrianus Johannes Simonis (2), Kardinal, Erzbischof von Utrecht, Präsident der niederländischen Bischofskonferenz; Willem Jacobus Eijk (2), Bischof von Groningen
Korporative Vereinigung: Stichting Sociaal Kulturele Aktiviteiten (Soka)
Stiftung: Stichting De Boog
Bildungsstätten: Conferentieoord Zonnewende (Moergestel), Studiecentrum (Utrecht)
Einrichtung für StudentInnen: Leidenhoven (Amsterdam)
Schulen für Frauen bzw. Hilfs-Numerarierinnen: Internationaal Studiecentrum Voor De Vrouw; Europrof (beide Amsterdam)
Gesellschaftliche Einrichtung: Club De Stade (Amsterdam)

Nigeria: Beginn 1965; 100 Mitglieder (geschätzt)
Zentren und Stützpunkte in: Aba, Abuja, Benin City, Enugu, Ibadan, Ilorin, Iroto, Lagos, Nsukka, Onitsha, Owerri
Kulturzentren: Imoran (Ibadan); Wavecrest (w), Helmbridge (beide Lagos); L'Uhere (Nsukka); Ugwuoma, Uzomiri (beide Enugu)
Korporative Werke: Lagos Business School; Institute for Industrial Technology (Lagos); Iroto Development Centre (Iroto)
Stiftung: African Development Foundation (ADF)

Einrichtung für StudentInnen: Irawo University Centre (Ibadan)
Schulen: Lagoon Secondary School (w Lagos); Lagoon Executive Secretarian College Surulere (w)
Schule für Frauen/Hilfs-Numerarierinnen: Lagoon College (Lagos)

Panama: Beginn 1996; etwa 10 Mitglieder
Zentrum in: Panama
Kulturzentrum: Centro Universitario Entremares

Paraguay: Beginn 1962; 500 Mitglieder (geschätzt)
Zentrum in: Asunción
Kulturzentrum: Centro de Extensión Cultural Yrupè (Asunción)
Einrichtungen für StudentInnen: Centro Universitario Ycuá, Centro Puntarrieles Ycuá (beide Asunción)
Schule für Frauen, Haushaltungsschule für Hilfs-Numerarierinnen: Promoción femenina ogaropé (Asunción)
Verein: Associación APEI (Elternverein)

Peru: Beginn 1953; 2000 Mitglieder (geschätzt)
Zentren und Stützpunkte in: Abancay, Ayacucho, Canete, Chiclayo, Huancavelica, Lima, Piura
Wichtige Mitglieder: Juan Luis Cipriani Thorne (1), Kardinal, Erzbischof (Lima); Luis Sanchez-Moreno Lira (1), Erzbischof (Arequipa); Juan Antonio Ugarte Pérez (1), Bischof (Yauyos)
Korporative Vereinigung: Asociación para el Desarrollo de Ensenanza Universitaria (ADEU)
Kulturzentren: Surcal, Cerros (beide Lima); Condoray (Canete)
Universitäten und Hochschulen: Universidad de Piura Larboleda (Lima); Escuelas Radiofónicas Populares Americanas (station de radio); Instituto Rural Valle Grande in San Vicente de Canete
Einrichtungen für StudentInnen: Club Cultural y Deportivo Azor en San Vicente de Canete; vier weitere Häuser in Lima
Schule: Escuela Alpamayo (Lima)
Schule für Frauen bzw. Hilfs-Numerarierinnen: Centro de Formación profesional para la mujer Condoray (Canete)
Gesellschaftliche Einrichtung: Asociación Mundial para la Familia y la Educación (AMFE)

Philippinen: Beginn 1964; 3000 Mitglieder (geschätzt)
Zentren und Stützpunkte in: Angeles City, Bacolod City, Calamba, Cebú City, Daet, Davao City, Iloilo City, Las Pinas City, Lipa City, Makati City, Manila, Miagao, Oro City, Pasig, Quezon City, San Pablo City, Roxas City, Santa Rosa, Victorias
Wichtige Sympathisanten: Jaime L. Sin (3), Kardinal, Erzbischof von Manila, Präsident der philippinischen Bischofskonferenz; Ricardo J.Vidal (3), Kardinal, Erzbischof von Cebú; José T. Sánchez (3), Kurienkardinal (Rom)

Stiftungen: Southeast Asian Science Foundation Inc (SEAFSI); Foundation for Professional Training (Inc)
Bank mit Verbindungen zu Opus-Dei-nahen Einrichtungen: Bank of the Philippine Islands
Kulturzentrum: Cultural Center Manila
Einrichtungen für StudentInnen: Tanglaw University Center (Manila)
Universität und Bildungsinstitut: University of Asia and the Pacific (UA&P) mit CRC – Center for Research and Communication (Manila)
Schule: Southbridge School (m Manila)
Schulen für Frauen bzw. Hilfs-Numerarierinnen: Punlaan School, Makiling Conference Center, Mayana (alle Manila)
Institute und Vereine: Association Educhild in Manila; Parents for Education Foundation; Family Cooperation Health Services Foundation (FAMCOHSEF); Youth United for the Pope

Polen: Beginn 1989; etwa 100 Mitglieder
Zentren in: Krakau, Stettin, Warschau
Wichtige Sympathisanten: Adrzej Maria Deskur (3), Kurienkardinal (Rom); Józef Glemp, Kardinal (3), Erzbischof von Warschau, Präsident der polnischen Bischofskonferenz; Franciszek Macharski (3), Kardinal, Erzbischof von Krakau. – Tadeusz Styczen (2), Theologe; Wanda Poltawska, Theologin und Papstvertraute
Korporatives Werk: Stowarzyszenie Edukacij I Kultury
Kulturzentren: Wisla (Warschau); Pomorze (Stettin)

Portugal: Beginn 1945; etwa 2500 Mitglieder
Zentren in: Coimbra, Lissabon, Oporto, Viseu
Wichtige Mitglieder und Sympathisanten: Serafim de Sousa Ferreira e Silva (3), Bischof von Leiria-Fatima. – Abgeordnete: Mota Amarall, Roberto Caneirot, Amara da Costa, Oliveira Dias, Hernan Lopez, Jorge Miranda, Pedro Roseto, Silverio Marluns da Siva sowie Enrico de Melo, Mitglied im Europäischen Parlament
Banken und Industrieunternehmen mit Verbindungen zu Opus-Dei-nahen Einrichtungen: Banco Central, Banco Espanol de Crédito, Banco Comercial de Portugal, Banco de Bilbao, Banco de Fomento, Banco do Agricultura, Banco Popular Espanol, Banco Pinto e Sotto Mayor, Banco Popular, Banco Portugués do Atlántico, Banco Santander, Banco Vizcaya, Dresdner Bank, Irving Trust Company, Rothschild Frères, Sociedad de Estudios Financieros (Lusofina), Sociedad Portugueso-Americana de Fomento Industrial, Société Fiancière Européenne
Kulturzentren: Enxomil (Coimbra); Planalto, Mira Rio (beide Lissabon); Cadros (Oporto); Horizonte (Coimbra)
Einrichtungen für StudentInnen: Insgesamt sechs, darunter: Los Alamos (Lissabon)
Hochschulen: Assiciacao de Estudios Superiores de Empresa Lisboa, Instituto Superior de Ciencias, Estudios Superiores de Empresa (AESE) (alle Lissabon)

Puerto Rico: Beginn 1969; etwa 50 Mitglieder
Zentren und Stützpunkte in: Paloblanco, Ponce, San Juan
Wichtiger Sympathisant: Luis Aponte Martinez (3), Kardinal, Erzbischof von San Juan de Puerto Rico

Schweden: Beginn 1984; etwa 20 Mitglieder
Zentrum in: Stockholm
Wichtiger Sympathisant: Anders Arborelius (3), Bischof von Stockholm
Kulturzentrum: Centrum Häll (Stockholm)
Politischer und wissenschaftlicher Club: Association Mälarföreningen (Stockholm)
Stiftungen: Stiftelsen Pro Cultura; Stiftelsen Ateneum

Singapur: Beginn 1982; 20 Mitglieder (geschätzt)
Wichtiges Mitglied: Michael Chan (1), Geistlicher Direktor des Katholischen Apostolates »Ngee Ann Polytechnic« in Singapour
Gesellschaftliche Einrichtung: Club Chalet 5

Slowakei: Beginn 1996; etwa 50 Mitglieder
Zentrum in: Preßburg
Wichtiger Sympathisant: Vladimir Filo (3), Weihbischof in Preßburg-Trnava

Spanien: Gründung des Opus Dei 1928; gut 30 000 Mitglieder
Zentren in: Albacete, Almería, Aravaca, Aitana, Avila, Badajoz, Barcelona, Bilbao, Cadiz-Ceuta, Cartegena-Murcia, Chiclana, Ciudad Real, Cordóba, El Ferol, Esplugues de Llobregat, Gerona, Gijón, Granada, Guadalajara, Huelva, Játiva, Jerez de la Frontera, La Coruna, Las Arenas, Leganés, Lérida, Lugo, Madrid, Malaga, Murcia, Olza, Ortigosa del Monte, Oviedo, Pamplona, Pozoalbero, Pozuela de Alarcón, Rafaelbunol, Reus, Sabadell, Salamanca, San Cugat del Vallès, San Sebastian, Santa Cruz de Tenerife, Santander, Santiago di Compostela, Sálvora, Segovia, Sevilla, Soria, Tarragona, Toledo, Torreciudad, Torrent, Tres Cantos, Valencia, Vallaloid, Vigo, Villaviciasa de Odón, Zaragoza
Wichtige Mitglieder und Sympathisanten: Javier Echevarría Rodríguez (1), Prälat des Opus Dei; Julián Herránz Casado (1), Kurienbischof (Rom); Francisco Gil Hellin (2), Kurienbischof (Rom); Antonio María Rouco Varela (3), Kardinal, Erzbischof von Madrid; Francisco Alvares Martinez (3), Kardinal, Erzbischof von Toledo; Ricardo Maria Carles Gordó (3), Kardinal, Erzbischof von Barcelona; Antonio Maria Javierre Ortas (3), Kurienkardinal (Rom); Eduardo Martinez Somalo (3), Kurienkardinal (Rom). – Frederico Trillo (1), Parlamentspräsident; Emilio Recoder de Caso (1), Generalsekretär des Kongresses; José Manuel Romay (1), Gesundheitsminister; Alberto de la Hera (1), Generaldirektor im Justizministerium für die religiösen Angelegenheiten; Jess Cardenal (1), Staatssekretär für Finanzen; Vicente Martinez Pujalte (1), Abgeordneter; Andres Ollero Tassara (1), Abgeordneter; Jesús Cardenal Fernández (1), Generalstaatsanwalt; Isabel Tocino (1), Abgeordnete; Miguel Angel Cortes (3), Staatssekretär für Kultur; Joaquín Abril Martorell (3),

Staatssekretär für Infrastruktur und Transport; Maria Concepción Dancusa (3), Direktorin des Institutes für die Frauen; Gaspar Arino (3), Abgeordneter; Manuel Arqueros (3), Abgeordneter; Jaime Ignacio del Burgo (3), Abgeordneter; Manuel Milian (3), Abgeordneter; Cristobal Montoro (3), Staatssekretär für Wirtschaft; Pilar Pulgar (3), Abgeordneter; Eduard Rodriguez Espinosa (3), Abgeordneter; José Ignacio Salafranca (3), Mitglied des Europa-Parlaments.

Korporative Werke: Fomento de Actividados Culturales, Económicas y Sociales (Faces); Fomento de Centros de Ensenanza S.A.; Fomento de Estudios Superiores; Oficina de administración económica del opus Dei en Espana

Stiftung: Fundación Codespa

Banken und Unternehmungen mit Verbindungen zu Opus-Dei-nahen Institutionen: Banco Atlantico; Banco Central; Banco de Bilbao; Banco Espanol de Crédito; Banco de Vizcaya; Banco Europeo de Negocios (Eurobanco); Banco Hispano-Americano; Banco Latino; Banco Popular Espanol (BPE); Banco Vasco Catalana; Bankunión; Compania Mercantil Immobiliaria; Crédit Andorrá (Andorra und Spanien); Edificaciones Asturoanas S.A.; Eosa; Estudios Financieros S.A. (Esfina); Federación de Entidades Inmobiliares; Immobiliaria Darsa Aragonesa; Inmobiliaria de la Universidad de Navarra S.A. (Inmudensa); Inmobiliaria del Estudio General de Navarra S.A.(Inmedenesa); Inmobiliaria Gallega; Inmobiliaria General Castellana; Inmobiliaria La Moncloa; Inmobiliaria Urbana de la Moncloa; Instalaciones Universitarias S.A.(Inunsa); Instituto de Crédito de las Cajas de Ahorro; Mundo

Kulturzentren: Monterols (m), Viaró, Pineda (alle Barcelona); Centro Abando (m), Gartelueta (beide Bilbao); »La Alcabaza«(m Córdoba); Albazyn (m Granada); Zurbarán (w Madrid); Valdomar (Vigo)

Einrichtungen für StudentInnen: Pineda (Barcelona); Colegio Mayor Abando (Bilbao); Alsajara (Granada); Dios y Audacia (»Derecho y Arquitectura«; »DYA«); Montalbán; Castilla; Colegio Mayor Alcor; Gurtubay, Colegio Mayor La Moncloa, Calle Ferrar, Residencia Calle Jenner (alle Madrid); acht Colegios Mayores der Universität Navarra, Residencia Universitaria Belagua, Colegio Mayor Aralar (alle Pamplona); Arosa, La Estila (beide Santiago di Compostela); Residencia Alborán, Residencia Universitaria Almonte (beide Sevilla)

Schulen für Frauen bzw. Hilfs-Numerarierinnen: Centro de Formación de Numerarios (Calle Diego de León/Madrid); Tajamar, Escuela técnica de Formación profesional (beide Madrid); Molinoviejo (Segovia); Centro Social Torrociudad; Altaviana (Valencia)

Universitäten und Hochschulinstitute: Los Rosales (Villaviciosa de Odón); Universidad de Navarra (Pamplona); Instituto de Estudios Superiores de la Empresa – IESE (Barcelona); Universidad de Verano de la Rábida (Huelva); Centro Cultural Torrociudad; Institute de Formación Profesional Tajamar (Madrid); Pozoalbero (Pozoalbero); La Lloma (Rafaelbunol); Molinoviejo (Ortigosa del Monte)

Schulen: Canigo, Viaró (beide Barcelona); Gartelueta (Bilbao); El Encinar, Ahlazahir (beide Córdoba); Aitana (Elche); Montefaro (EI Ferol); Instituto técnico agrario

Bell-Loc (Gerona); Valmayor (Gijón); Monaita (Granada); Gaztelueta (Las Arenas); Arabell, Terraferma (beide Lérida); Penaredonda (La Coruna); Escuela Técnica de Formación Profesional, Los Almos, Mantealte, Retamar, Tajamar (alle Madrid); Monteagudo, Nelva (beide Murcia); Los Robles (Oviedo); Penaubina (Oviedo); El Redín (Pamplona); La Estila (Santiago di Compostela); Entreolivos, Guadeira, Tabladilla (alle Sevilla); El Vedat, Guadalaviar (beide Valencia); Las Acacias (Vigo); Montearagón, Sansuena (beide Zaragoza)
Institute und Vereine: Club Alcorce (Córdoba); Vereinigung der Freunde der Universität Pamplona; Alisma Associacion

Südafrika: Beginn 1998; etwa 10 Mitglieder
Zentrum in: Johannesburg

Taiwan: Beginn 1985; 16 Mitglieder
Zentrum in: Taipeh

Trinidad und Tobago: Beginn 1983; 30 Mitglieder (geschätzt)
Zentrum in: Port of Spain

Tschechien: Beginn 1990; etwa 20 Mitglieder
Zentren in: Brünn, Prag
Wichtiger Sympathisant: Jaroslav Skarvada (3), Weihbischof in Prag

Uganda: Beginn 1996; 25 Mitglieder
Zentrum in: Kampala
Wichtiger Sympathisant: Emmanuel Wamala (3), Kardinal, Erzbischof von Kampala

Ungarn: Beginn 1990; 90 (geschätzt) Mitglieder
Zentrum in: Budapest
Korporatives Werk: Duna Egyesület Kulturális Központok Fejlestésére (Budapest)
Kulturzentrum: Centro Culturale Feylesztésére (w Budapest)
Einrichtung für StudentInnen: Orbánhegy Kollegium (Budapest)

Uruguay: Beginn 1956; 500 Mitglieder (geschätzt)
Zentren und Stützpunkte: Montevideo, Paysandú, Rivera
Wichtige Sympathisanten: Francesco de Nittis (3), Titular-Erzbischof, Apostolischer Nuntius; Daniel Gil Zorrila (3), Bischof von Salto
Korporatives Werk: Associacione Culturale e Tecnica (ACT)
Einrichtungen für StudentInnen: Montefaro, Del Mar (beide Montevideo)
Bildungseinrichtung: Centro educativo »Los Pinos« (Montevideo)
Schule für Frauen bzw. Hilfs-Numerarierinnen: Scuola Alberghiera e di Trismo Del Plata (Montevideo)
Gesellschaftliche Einrichtung: Asociación Mundial para la Familia y la Educación (AMFE)

Venezuela: Beginn 1951; etwa 2000 Mitglieder (geschätzt)

Zentren und Stützpunkte in: Acarigua, Barcelona, Barquisimento, Calabozo, Caracas, Carora, Ciudad Bolívar, Coro, Guanare, Maracaibo, Maracay, Maturin, Mérida, Porlamar, Puerto Cabello, Puerto Ordaz, Punto Fijo, San Antonio de los Altos, San Cristóbal, San Felipe, San Fernando, Valencia
Wichtiger Sympathisant: Ignacio Antonio Velasco Garcia (3), Kardinal, Erzbischof von Caracas
Korporative Werke: Asociación de Arte y Ciencia; Asociación Venezolana de Fomento Cultural
Stiftung: Fundación General Mediterranea/Fundamericana (Caracas)
Kulturzentren: Araya; Las Palmas; Etame (alle Caracas); Llano Ancho (Valencia)
Einrichtungen für StudentInnen: Dairén, Monteávila (beide Caracas); Albariza (w), Sinamaica (beide Maracaibo)
Schulen: Liceo Los Arcos, Los Campitos (beide Caracas)
Schulen für Frauen bzw. Hilfs-Numerarierinnen: Instituto de Capacitación profesional para la mujer Los Campitos, Etame (beide Caracas); Los Samanes (Maracaibo)
Ambulatorium: Ambulatorio médico »Anauco«
Gesellschaftliche Einrichtungen: Asociación Venezuelana di Ecconomia Sociale; Asociación civil »Salud y Familia«

Vereinigte Staaten von Amerika: Beginn 1949; etwa 3000 Mitglieder
Zentren und Stützpunkte in: Ann Arbor, Atlanta, Berkely, Boston, Brookfield, Bronx, Cambridge, Champaign, Chestnut Hill, Chicago, Dallas, Delray Beach, Denver, Georgetown, Houston, Indiana, Irving, Kirkwood, Los Angeles, Maclison, Marquette, Mill Valley, Milwaukee, Minneapolis, New Rochelle, New York, Notre Dame, Novato, Pembroke, Philadelphia, Phoenix, Pittsburgh, Purdue, Princeton, Providence, San Antonio, San Francisco, Schulenburg, Seton Hall, South Bend, South Orange, St. Louis, Syracuse, Tampa, Urbana, Valpariso, Washington
Wichtige Mitglieder und Sympathisanten: José H. Gomez (1), Weihbischof in Denver; James Francis Stafford (3), Kurienkardinal (Rom); James Aloysius Hickey (3), Kardinal, Erzbischof von Washington; William Henry Keeler (3), Kardinal, Erzbischof von Baltimore; Bernard Francis Law (3), Kardinal, Erzbischof von Boston; Theodore E. McCarrick (3), Kardinal, Erzbischof von Washington
Korporative Werke: Midtown Educational Foundation, Roman Academic Center Foundation, Association for Educational Development, Youth Services International (alle Chicago); Association for Educational Development (San Francisco)
Einrichtung zur Neu-Evangelisierung: Catholic Information Center (CIC), Washington
Stiftungen: Woodlawn-Foundation Inc.; Crawford Foundation (beide New Rochelle, NY)
Bank und Industriefirma mit Verbindungen zu Opus-Dei-nahen Einrichtungen: Banco de Bilbao; Group Legatus
Kulturzentren (teilweise für StudentInnen): Reunion (Boston); Layton (Brookfield); Elmbrook (Cambridge); Midtown Center (m), Metro Achievement Center (w), Woo-

dlan Residence (m), Kenwood Residence (w) (alle Chicago); Wingren (Dallas); Westpine (Kirkwood); Tilden (Los Angeles); Westwood (Mill Valley); Leighton (m), Petawa Center (w) (beide Milwaukee); Riverside, Alderton House (beide New York); Arnold Hall (Pembroke); Tenley, The Heights (m), Oak Crest (w) (alle Washington)
Bildungszentren: Fetherock Conference Center (Schulenburg), Trumbull Manor (Navato); weitere Einrichtungen in Valpariso und Schulenburg
High-Schools: Montrose School (w Boston); Northridge Prep (m), The Willows (w) (beide Chicago); The Heights (m); Oakcrest (m) (beide Washington D. C.)
Schulen für Frauen bzw. Hilfs-Numerarierinnen: Lexington College (Chicago); Shellbourne Conference Center (Valpariso)

ANHANG 5

Die deutschen Bischöfe und die Heiligsprechung Escrivás (vgl. S. 58)

In einer Nachfrage bei den Pressestellen der neun vom Opus Dei genannten Bischöfe sowie bei Kardinal Scheffczyk, der ebenfalls als Befürworter markiert worden war, habe ich – unter Hinweis auf die Internet-Meldung des Opus Dei – überprüft, ob sich die namentlich Genannten tatsächlich zustimmend zur Heiligsprechung Escrivás geäußert haben. Zu Wetter und Degenhardt erhielt ich keine exakte Auskunft. Deshalb habe ich beide Kardinäle informiert, ich würde von ihrem »Ja« ausgehen, wenn ich von ihnen nichts Gegenteiliges hörte.

Die übrigen Mitglieder der Bischofskonferenz und emeritierten Bischöfe habe ich – ebenfalls unter Hinweis auf die Opus-Dei-Meldung – brieflich gefragt, ob sie sich für die Heiligsprechung ausgesprochen hätten oder nicht. Von 35 Mitgliedern der Bischofskonferenz liegen Äußerungen vor (sechs davon durch Pressestellen), von 33 dagegen nicht.

Nicht alle haben mit Ja oder Nein geantwortet. Ich versuche eine Einordnung nach sechs Kriterien:

1. Antwort

J = Ja und N = Nein auf meine Frage. NJ = Nein auf meine Frage; aber mit ausdrücklicher Hinzufügung: Kein Einwand gegen die Heiligsprechung.

2. Keine Antwort

KR = Keine Reaktion auf mein Schreiben. KJ = Reaktion auf mein Schreiben, doch keine Antwort auf meine Frage; aber ausdrücklicher Hinweis: Kein Einwand gegen die Heiligsprechung. KA = Reaktion auf mein Schreiben, aber – meist begründet – keine Antwort auf meine Frage.

(K = Kardinal; EB = Erzbischof; B = Bischof; WB = Weihbischof)

1. Mitglieder der Bischofskonferenz in Diözesen mit Zentren des Opus Dei:

Aachen	B Mussinghoff J, WB Dicke KR, WB Reger KR
Augsburg	B Dammertz KR, WB Grünwald KR, WB Losinger KR
Berlin	K Sterzinsky KA, WB Weider KR
Essen	B Luthe KR, WB Grave KJ, WB Vorrath KJ
Hamburg	EB (vakant), WB Jaschke N, WB Werbs KA
Köln	K Meisner J, WB Dick KR, WB Hofmann KA, WB Melzer KR, WB Trelle KR
Limburg	B Kamphaus KA, WB Pieschl KR
München	K Wetter J, WB Dietl KR, WB Haßlberger N, WB Siebler KR
Münster	B Lettmann J, WB Janssen KR, WB Ostermann KR, WB Thissen KR, WB Timmerevers KR, WB Voß KR
Trier	B Marx J, WB Genn NJ, WB Kleinermeilert KR, WB Schwarz KA

2. Mitglieder der Bischofskonferenz in Diözesen ohne Zentren des Opus Dei:

Bamberg	EB (vakant), WB Radspieler KR
Dresden	B Reinelt J, WB Weinhold KR
Eichstätt	B Mixa J
Erfurt	B Wanke KR, WB Koch KR
Freiburg	EB Saier KA, WB Klug KA, WB Uhl KA, WB Wehrle KA
Fulda	B Algermissen NJ, WB Kapp N, WB Schick KR
Görlitz	B Müller J
Hildesheim	B Homeyer KA, WB Koitz N, WB Schwerdtfeger KA
Magdeburg	B Nowack KR, WB Feige KR
Mainz	K Lehmann N, WB Rolly KR
Osnabrück	B Bode N, WB Kettmann N
Paderborn	K Degenhardt J, WB Becker KR
Passau	B Schraml KR
Regensburg	B (vakant), WB Guggenberger J
Rottenburg	B Fürst KA, WB Kreidler KR, WB Renz KR
Speyer	B Schlembach J, WB Georgens N
Würzburg	B Scheele KR, WB Bauer KR

3. Emeritierte Bischöfe, soweit eine Reaktion einging:

Averkamp (Hamburg) J, Eder (Passau) N, Schmid (Augsburg) N, Spital (Trier) N, von Twickel (Münster) N.

Anmerkungen

1 Vittorio Messori, Der »Fall« Opus Dei, Aachen 1995, S. 36
2 Milano 1994
3 Die Schwelle der Hoffnung überschreiten (Hoffmann & Campe)
4 Josemaría Escrivá, Tiempo de reparar, in: Crónica, Opus Dei Rom **(künftig zitiert: Crónica)**, Februar 1972, S. 13 [109]
5 Ebd.
6 Annuario Pontificio per l'anno 2001 (Päpstliches Jahrbuch 2001), Città del Vaticano 2001
7 Crónica, Februar 1972
8 Generalmobilmachung der Laien, Welt-Gespräch mit dem neuernannten Prälaten des Opus Dei, Alvaro del Portillo, in: Die Welt, Bonn, 6. Dezember 1982, S. 7
9 Geist und Fromme Gewohnheiten (De Spiritu et de piis servandis Consuetudinibus – **künftig zitiert: GF**), Rom, 9-IV-1990, Nr. 64
10 Romana. Bolletino della Prelatura della Santa Croce e Opus Dei. Rom, Juli-Dezember 1994, S. 336
11 Der handgeschriebene Eintrag aus dem Tagebuch eines Opus-Dei-Hauses in Zürich liegt dem Autor in einer Kopie vor.
12 »Ich verspreche euch den Himmel«. Geistlicher Anspruch, gesellschaftliche Ziele und kirchliche Bedeutung des Opus Dei, Düsseldorf 1985, 4. Aufl. 1991
13 Geheimnisse des Opus Dei, Geheimdokumente – Hintergründe – Strategien, Freiburg 1995, 3. Aufl. 1996
14 Michael Meier, Vom Kritiker zum Verehrer des Opus Dei, in: Tages-Anzeiger, Zürich, 19. Januar 2002
15 César Ortiz (Hrsg.), Josemaría Escrivá – Profile einer Gründergestalt, Köln 2002
16 Ebd., S. 313
17 Ebd., S. 325
18 Kurt Koch, Die geheime Sehnsucht nach Rückkehr ins Getto oder Glaubensverrat, in: Paulus-Akademie (Hrsg.), Opus Dei – Stoßtrupp Gottes oder »Heilige Mafia«?, Zürich 1992, S. 267 f.
19 Peter Hertel, Intelligent gehorchen – aber blind, in: ebd., S. 35-151
20 Kurt Koch, Offene, aber nicht ungestaltete Identität des Christentums (2), in: Schweizerische Kirchenzeitung, 47/1993, S. 655
21 Martin Rhonheimer, Neuevangelisierung und politische Kultur (1) – Fundamentalismus, Integralismus und Opus Dei, in: Schweizerische Kirchenzeitung, 44/1994, S. 608
22 Hans Thomas, Zur Inszenierung der Medienkritik am Opus Dei, in: Klaus M. Becker/Jürgen Eberle (Hrsg.), Die Welt – eine Leidenschaft. Charme und Charisma des Seligen Josemaría Escrivá, **(künftig zitiert: Becker/Eberle)** St. Ottilien 1993, S. 132-156
23 Ebd., S. 149
24 Vermutlich im Unterschied zum Tübinger Theologen Hans Küng, dem – vor allem wegen seiner Kritik an der päpstlichen Unfehlbarkeit – 1979 die Lehrbefugnis als katholischer Theologe entzogen worden ist.
25 Erklärung des Informationsbüros des Opus Dei in der Schweiz vom 7. Mai 1992
26 Ulrich Kluge, Angriffe, die ungute Erinnerungen wecken, in: Deutsche Tagespost, Würzburg, 6. August 1992, S. 5
27 Hans Thomas, Komplottlyrik – oder die Lust an der Friedensstörung, in: Westfalenblatt (Bielefeld), 6./7. Mai 1995, S. 4 (Themen der Zeit)
28 K. Koch, in: César Ortiz (Hrsg.), S. 326, Anm. 3
29 Ebd., S. 312

30 Kurt Koch, Richtigstellung, Solothurn 24. Januar 2002, veröffentlicht vom Opus Dei im Internet

31 K. Koch, in: César Ortiz (Hrsg.), S. 311

32 Außer Koch schreiben folgende Oberhirten: Titular-Bischof Echevarría (Rom), Leiter des Opus Dei, und Bischof Klaus Küng (Feldkirch), einziger Diözesanbischof des Opus Dei in Europa; Kardinal Joachim Meisner (Köln), Bischof Lettmann (Münster), Alt-Erzbischof Braun (Bamberg). Alle drei gehören zum Präsidium des von Opus-Dei-Priestern initiierten »Internationalen Mariologischen Arbeitskreises Kevelaer (IMAK)«; Kardinal Scheffczyk (Ehrendoktor der Opus-Dei-Universität in Pamplona); Kardinal Degenhardt (Paderborn)

33 P. Hertel, Intelligent gehorchen – aber blind, in: Paulus-Akademie (Hrsg.), a.a.O., S. 35

34 Ders., »Ich verspreche euch den Himmel«, S. 114

35 María Angustias Moreno, La Otra Cara del Opus Dei, Barcelona 1978, S. 32 f.

36 Peter Berglar, Opus Dei, Leben und Werk des Gründers Josemaría Escrivá, Salzburg 1983, S. 222

37 Ebd., S.278

38 Interview mit Vladimir Felzmann **(künftig zitiert: V. Felzmann/ P. Hertel)**, in: P. Hertel, »Ich verspreche euch den Himmel«, S. 213

39 Vgl. ebd.

40 Annuario Pontificio 2001, S. 334

41 Josemaría Escrivá, Camino, Madrid 1939, 41. Aufl., 1984, Nr. 941: »Blind dem Vorgesetzten gehorchen – Weg der Heiligkeit«. In der deutschen, vom Opus Dei vorgenommenen Übersetzung »Der Weg« sind – seit der 3. Auflage – diese wie weitere klare Aussagen zur Unkenntlichkeit verniedlicht. Deshalb lege ich in diesem Buch die spanische Originalausgabe zu Grunde.

42 Romana, a.a.O.

43 Friedrich Meichsner, Papst verleiht Opus Dei mehr Autonomie, in: Die Welt, Bonn, 25. August 1982, S. 5, berichtet, Oddi und Palazzini hätten sich selbst als »Mitglieder des Opus Dei« bezeichnet.

44 J. Escrivá, Camino, Nr. 387

45 Codex Iuris Particularis Operis Dei (»Statuten«), Rom 1982, Nr. 4, §1; Nr. 38

46 Die Berechnungen ergeben sich auf Grund der Angaben im Annuario Pontificio 2001, S. 891

47 Nach dem Urteil des schweizerischen Bundesgerichts in Lausanne vom 5. April 1988 darf behauptet werden, das Opus Dei verstehe sich als »Geheimorganisation«. Eine Opus-Dei-nahe Vereinigung hatte den Prozess angestrengt, aber verloren.

48 Laut Vademecum für die Örtlichen Räte (Vademecum de los Consejos locales – **künftig zitiert: VC**), Rom, 6-XII-87, füllt der/die Kandidat/in vor der »Admissio« (Aufnahme in das Opus Dei) ein Formular mit den hauptsächlichen Angaben über sich selbst und seine Familie aus. Es ist Grundlage über ihn/sie in der Kartei, die ständig erneuert bzw. ergänzt wird.

49 Josemaría Escrivá de Balaguer, Gründer des Opus Dei, Informationsblatt Nr. 1, Köln, Dezember 1976, S. 3

50 Crónica, Februar 1972

51 Predigt von Kardinal Meisner zum 100. Geburtstag des seligen Josemaría, Informationsbüro des Opus Dei im Internet, Deutschland, 29. Januar 2002

52 Artikel 7 der Prozessakte, mit der das Opus Dei 1979 die Selig- und Heiligsprechung Escrivás forderte. Zitiert nach P. Berglar, S. 23

53 Ebd., S. 356 f.

54 Der Diener Gottes Josemaría Escrivá de Balaguer, Informationsblatt Nr. 5, Opus Dei Köln, 1983, S. 11

55 Der Darstellung liegen weitgehend die Biografien der Opus-Dei-Mitglieder

Peter Berglar, a.a.O. und Salvador Bernal, Msgr. Josemaría de Balaguer, Aufzeichnungen über den Gründer des Opus Dei, Köln 1978, zu Grunde.

56 S. Bernal, S. 103

57 Ebd., S. 105

58 Ebd., S.136

59 P. Berglar, S. 75

60 Escrivá wörtlich: »Alle meine Söhne haben die Freiheit, bei irgendeinem vom Ortsbischof approbierten Priester zu beichten, und man ist nicht verpflichtet, den Direktoren des Werks zu sagen, dass man das getan hat. Sündigt, wer das tut? Nein. Hat er einen guten Geist? Nein. Er ist auf dem Weg, auf die Stimme des schlechten Hirten zu hören.« (Cuadernos 3, Vivir en Cristo, Opus Dei Rom, ohne Datumsangabe, S. 131)

61 Ebd., S. 148.

62 V. Felzmann/P. Hertel, S. 205

63 Ebd., S. 206

64 J. Escrivá, Camino, Nr. 833. Der »Camino« schreibt: »las malditas sociedades secretas«; der deutsche »Weg« übersetzt: »die gottfeindlichen Geheimbünde«.

65 J. Escrivá, Crónica, Februar 1972

66 J. Escrivá, Camino, Nr. 655

67 Ebd., Nr. 361

68 V. Felzmann/P. Hertel, S. 206

69 P. Berglar, S. 216.

70 Ebd., S. 215

71 Widmar Puhl, Die zwei Gesichter des Opus Dei. Theorie und Wirklichkeit einer katholischen Einrichtung, Deutschlandfunk, 27. Juni 1984. Puhl war, bevor er das Opus Dei verließ, in der Informationsabteilung des deutschen Opus Dei tätig. Berglar dankt ihm in seinem Buch als einem seiner Mitarbeiter.

72 P. Berglar, S. 216

73 V. Felzmann/P. Hertel, S. 203

74 Crónica, August 1968

75 Ebd., Mai 1966

76 Ebd.

77 Ebd. Escrivá gebraucht in diesem Text, den er auf Spanisch verfasst hat, nicht das Wort »Obra – Werk«, sondern »Opus Dei«, den Namen seiner Vereinigung, weshalb ich nicht »Werk« bzw. »Arbeit«, sondern »Opus Dei« übersetzt habe.

78 P. Berglar, S. 228

79 J. Escrivá, Crónica, Februar 1972

80 Crónica, Mai 1966

81 VC, S. 142 f.

82 Zitiert nach Ramiro Cristóbal, Hacia un control del Vaticano, in: triunfo, Madrid, 14. Oktober 1978

83 Gespräche mit Msgr. Escrivá de Balaguer, Köln 1992 (Erstauflage 1969) 1971, Nr. 55

84 Friedrich von Hügel, Andacht zur Wirklichkeit. München 1952, S. 222.

85 P. Berglar, S. 14

86 S. Bernal, S. 108

87 Ebd.

88 V. Felzmann/P. Hertel, S. 204

89 Ebd.

90 P. Berglar, S. 296

91 Vgl. Maurice Roche, The Secrets of Opus Dei, in: Magill, Dublin, Mai 1983, S. 19

92 Codex, 2.2 und 116

93 Alvaro del Portillo (e Javier Echevarría), Trasformazione dell' Opus Dei in Prelatura Personale (Anhang zu »A Sua Eminenza Reverendissima il. Sig. Card. Sebastiano Baggio«), Roma, 23. April 1979, S. 4 u. 9. Heute wird diese Aussage im Opus Dei und seinem Umfeld gelegentlich verharmlost: Es habe sich um eine unbedachte Bemerkung des verstorbenen Portillo gehandelt. Außerdem habe er eine Aussage über den weltweiten Einsatz seiner religiös ausgebildeten Mitglieder treffen wollen, nicht aber über ein Opus Dei, das als Truppe agiere.

94 Karl Rahner, in: Stimmen der Zeit, München, Januar 1972, Heft 1, S.1 f.

95 1974 empfahl Escrivá den Seinen den Rückgriff auf den »Katechismus des hl.

Pius X. ..., um den Glauben eurer Kinder zu schützen«. (P. Berglar, S. 266)

96 S. Bernal, S. 149

97 GF, Nr. 64. Wortlaut der wichtigsten dieser Regeln in: P. Hertel, Geheimnisse des Opus Dei, a.a.O.

98 J. Escrivá, Camino, Nr. 28

99 Regulae internae pro Administrationibus (Interne Regeln für die Verwaltung; **künftig zitiert: RE**), editio sexta, Rom MCMLXXXV, Nr. 38

100 J. Escrivá, Camino, Nr. 61

101 VC, S. 111

102 GF, Anm. 10

103 RE, 13

104 Dominique le Tourneau, Das Opus Dei, Stein am Rhein 1987, S. 144

105 RE, 3

106 Ebd., 8

107 Ebd., 11

108 VC, S.19

109 Ebd.

110 Dem Autor liegt der lateinische Wortlaut vor.

111 VC, S. 20 f.

112 GF, 125

113 Ausführlich aus dem »Vademecum« zitiert in: P. Hertel, Geheimnisse des Opus Dei, S. 139-143

114 VC, S. 99 ff.

115 Ebd.

116 Crónica, Januar 1971

117 María del Carmen Tapia, Good housekeepers for Opus Dei, in: National Catholic Reporter, Kansas City, 27. Mai 1983, S. 10-13

118 W. Puhl, a.a.O.

119 VC, S. 116 ff.

120 Informationsbüro der Prälatur Opus Dei in Deutschland, Hintergrund, 16.10.1991

121 Das bis 1983 gültige Kirchenrecht legte in CIC 1917, Can. 2077, fest. »Litterae postulatoriae, quibus *personae insigniores in dignitate sive ecclesiastica sive civili constitutae vel personae morales expostulant* a Summo Pontifice ut causae beatificationis alicuius Servi Dei manus apponatur, utiliter exhibentur, dummodo *sponte et ex propria scientia* datae sint.« (Kursivmarkierungen durch den Autor.) Dazu siehe auch: Instruktion der Ritenkongregation vom 15. Januar 1935.

122 Deutsch: Die Helfer Gottes – Wie die katholische Kirche ihre Heiligen macht, München 1991. – Zur grundlegenden Information: Winfried Schulz, Das neue Selig- und Heiligsprechungsverfahren, Paderborn 1988

123 Kurt Peter Gumpel in: Peter Hertel/ Norbert Sommer, Selig die Armen – Wie der Papst die Vorbilder macht, Norddeutscher Rundfunk Hannover, 28. Mai 1995, Manuskript

124 Tarancón, sorprendido por la rapidez de la beatificación del fundador del Opus Dei, in: El País, Madrid, 11. Juli 1991

125 Opus Dei bereitet nun auch Heiligsprechung für Escrivá vor, in: KNA, Bonn, pl 117, 20. Mai 1992

126 Ambrosius Eßer OP, Das Licht der Heiligen – Zu Josemaría Escrivá, in: Becker/Eberle, S. 45-54

127 Ebd., S. 48 f.

128 A. del Portillo, Trasformazione, S. 9

129 Scalfaro: »L'Opus Dei non ha segreti«, in: Il Giornali, Mailand, 25.11.1986

130 Les Secrets de l'Opus Dei – Enquête & documents, Villeurbanne Cedex 1998

131 J. Escrivá, Camino, Nr. 619

132 Vademecum de las Sedes de los Centros (Vademecum für die Sitze der Zentren), Rom, 6-XII-87, S. 47

133 D. le Tourneau, S. 31

134 Josemaría Escrivá, Brief »Non ignoratis« vom 2. Oktober 1958, Abschnitt 1, Opus Dei Rom 1982

135 In den geheimen Anweisungen der Schrift »Geist und Fromme Gewohnheiten« heißt es: »Wir sind das Eigentum [mancipium = gekaufte Sklaven] der Kirche. Deshalb ist uns nichts erwünschter, nichts angenehmer, als ihr zu dienen.« (GF 22)

136 Bruno Clément, Louis Schweitzer proche de l'Opus Dei?, in: La Dernière Heure, Brüssel, 6. März 1997

137 Alexander Sautter, Blick enthüllt: Schweizer Promis im Netz von Opus Dei, in: Blick, 10. Januar 2002, Zürich, S. 1 und 3

138 William J. West, Opus Dei – Exploding a Myth, Crows Nest/Australia (Little Hills Press Pty.Ltd.), 1988, S. 100

139 Amtsgericht München, Vereinsregister, Nr.9 068, Eintrag am 19.10.1999

140 Alfred Dürr, Die Partei tanzt, in: Süddeutsche Zeitung, München, 27./28. Januar 2001

141 J. Escrivá, Camino, Nr. 619

142 Im Frühjahr 2002: Aribert Wolf, CSU-Bundestagsabgeordneter; Dr. Hans Thomas, Geschäftsführer; Dr. Werner Schmidt, Generalsekretär der Stiftung und Finanzchef des deutschen Opus Dei; Franz Borgers, Unternehmer; Dr. Joachim Heisel, Arzt

143 A. Dürr, a.a.O.

144 Vgl. Thierry Oberlé, L'Opus Dei – Dieu ou César, Paris, 1993, S. 76-79

145 A. Sautter: a.a.O.; in derselben Ausgabe: Peter Hertel, Die ehernen Gesetze bleiben verdeckt, Gastkommentar, S. 2

146 Inzwischen gehört Jansen zu den 45 Einzelpersönlichkeiten des Zentralkomitees der deutschen Katholiken (ZdK), die jeweils von der Vollversammlung gewählt werden.

147 Vgl. S. 102

148 Johan Mortelmans, Prins Filip opent school Opus Dei in Buenos Aires, in: De Standaard (Groot Bijgarden), 23. April 1994, S. 1

149 Walter Pauli, Heilig of heilige maffia?, in: De Morgen, Brüssel, 25. April 1994, S. 2 Focus

150 Luc Delfosse, Actec, fer de lance de l'Opus dei dans le tiers monde, in: Le Soir, Brüssel, 30. April 1997, S. 4

151 Hans Urs von Balthasar, Integralismus heute, in: Diakonia, Mainz/Freiburg, 4/1988. S. 225 f. Das schweizerische Opus Dei spielte diesen Aufsatz des schweizerischen Theologen herunter, er habe sich »allgemein gegen ›christliche Gemeinschaften‹« gerichtet, gab aber gleichzeitig zu: »Es könnte durchaus sein, dass auch das Opus Dei gemeint war.« Einige Jahre, bevor Balthasar den Aufsatz schrieb, hatte er schriftlich festgehalten, Eltern aus verschiedenen Ländern hätten sich bei ihm über Werbemethoden des Opus Dei beklagt. 1984 sagte er in Rom, Escrivás Hauptwerk »Der Weg« sei »ein ungenügendes spirituelles Fundament für eine Bewegung von solchem Umfang«. Die Kritik, die er zum ersten Mal 1963 geäußert hatte, hat er beibehalten. Einem Theologiestudenten, der ihm mitteilte, er beschäftige sich mit dem Opus Dei, riet er im Juli 1984 handschriftlich davon ab: »Bleiben Sie nicht zu lang bei O.D. – es lohnt nicht. Ich glaube nicht, dass die Sache sich lange halten wird, die Grundlagen sind zu schwach. Habe einen bösen Brief von Portillo erhalten für Aussage in Pressekonferenz in Rom. Studieren Sie lieber die großen Theologen.« (Kopie des Schreibens im Archiv des Autors.)

152 Die Spendenliste liegt dem Autor in einer Kopie vor.

153 Vgl. Michael Walsh, The Secret World of Opus Dei, London 1989, S. 147 ff.

154 W. Puhl, a.a.O.

155 Schreiben der Stiftung und des Kollegiums vom November 1996 an potenzielle deutsche Spender.

156 »Als Touristin hätte ich das nie erfahren können«, in: Züriberg, Zürich, 2. Mai 1996, S. 10

157 In den siebziger Jahren kam heraus, dass Religionslehrer des Opus Dei an Kantonsschulen den Schülern »schwere Sünden- und Schuldkomplexe« einhämmerten und mit den übrigen Religionslehrern in Streit lagen. Ein Religionslehrer, der nicht zum Opus Dei gehörte, bezeichnete die Praktiken als »psychischen Terror«. Schließlich verfügte Generalvikar Henny, dass die Religionslehrer ihre Tätigkeit einstellten. Einer der Vorwürfe lautete, sie hätten die Spiritualität des Opus Dei verbreitet und Schüler für die Organisation angeworben, statt katholischen Unterricht zu erteilen, und zum Beispiel Martin Luther als »Irrlehrer« bezeichnet. (Vgl. Das Wirken des Opus Dei in Zürich. Griff nach der Mittel- und Hochschulseelsorge, in: Neue Zürcher Zeitung, Nr. 10, 13. Januar 1979.)

158 Ernesto Ekaizer, José María Ruiz Mateos, El Ultimo Magnate, Barcelona 1985, S. 165 f.

159 Claudio Cocca und die Opus-Dei-Connection, in: SonntagsZeitung, Zürich, 27. Juni 1999

160 Ebd.

161 Eine Kopie des Briefes liegt dem Autor vor.

162 Amtsgericht München, VR 9068, Handakte

163 Ein weiteres Beispiel für die Zusammenarbeit zwischen Opus Dei und Kirche in Not: Auf der Weltausstellung »Expo 2000« in Hannover wurde in das seit längerem festgelegte Programm des »Pavillons des Heiligen Stuhls« nachträglich eine Veranstaltung geschoben. Sie hatte die »Familie« zum Thema und wurde nach Auskunft der Pavillon-Leitung vom päpstlichen Nuntius in Bonn, Erzbischof Lajolo, gewünscht und von Kirche in Not/Ostpriesterhilfe weitgehend finanziert. Über die Höhe der Kosten waren Informationen nicht zu erhalten, aber sie dürften nicht gering gewesen sein, da die Podiumsmitglieder nicht nur aus Deutschland, sondern auch aus dem Ausland, sogar aus Südafrika, herangeholt wurden. Die Mehrheit unter ihnen gehörte zum Opus Dei und seinen Sympathisanten: außer Liminski unter anderem der ehemalige Zürcher Generalvikar Christoph Cassetti, der deutsche ehemalige Bundesverfassungsrichter Paul Kirchhoff (Rhein-Donau-Stiftung) und die norwegische Politikerin Janne Matlary (»Die Begegnung mit den Werken Escrivás war für mich ein kopernikanische Revolution.«).

164 Ausführlich in: P. Hertel, Geheimnisse des Opus Dei, S. 38-44. Dort auch weitere Quellennachweise.

165 Derzeitige offizielle Mitgliederliste: »Hans Georg Rhonheimer (Schweiz), Präsident; Monika Durrer (Schweiz); Franz Haller (Schweiz); Umberto Farri (Italien); Cédric George (Schweiz); Hans Thomas (Deutschland); Fritz Tschui (Schweiz); François Geinoz (Schweiz), Sekretär und Geschäftsführer«.

166 Die folgenden Abschnitte über Ruiz Mateos und die Rumasa sind eine gekürzte Wiedergabe der Recherchen aus meinem Buch »Ich verspreche euch den Himmel«, S. 55-62. Dort stehen auch die Quellenangaben.

167 Jesús Ynfante, Opus Dei, Barcelona 1996, S. 421 ff.

168 Crónica, Januar 1963

169 Johannes Mehlitz, Ohne Bildung haben die Kinder keine Chance, in: General-Anzeiger, Bonn, 25.10.1994; »Schule statt Straße« – Prospekt von Reinhard Backes & Martin Klein, Studentenheim Althaus, Bonn, ohne Datum.

170 Limmat-Stiftung, Zürich, Jahresbericht 1997

171 Gordon Urquhart, Sacred mission – secular funding, Brighton 1998

172 Walter Pauli, Hoe Opus Dei de Europese subsidiekoe melkt, in: De Morgen, Brüssel, 24. Februar 1997, S. 1 u. 8

173 Hilarion M.Henares Jr., Snow-White's seven dwarfs, in: The Philippine Inquirer, Manila, 3. März 1986

174 W. J. West, S. 147

175 Michael Meier, »Octopus Dei« an der Limmat – spanischer Import, in: Tages-Anzeiger, Zürich, 10. Juli 1990, S. 2

176 María del Carmen Tapia, Tras el Umbral, Una vida en el Opus Dei, Barcelona 1992, S. 227 ff.
177 Alberto Moncada, Sectas Catolicas: El Opus Dei, 12 Congreso Mundial de Sociologia, Universidad Complutense, Madrid, Julio 1990. (Der Vortrag befand sich als Manuskript in den Kongressunterlagen.)
178 James Martin, Opus Dei in the United States, in: America, New York, 25. Februar 1995, S. 8-27
179 Russell Shaw, Lofty Inspiration, in: America, New York, 25.3.1995, S. 26
180 Grundsätzliche Artikel über die IAP: Peter Hebblethwaite, Academy and magisterium mingling in Liechtenstein, in: National Catholic Reporter (NCR), Kansas City, 3. Juli 1992, S. 15; Hansjürg Vorburger, Päpstlichen Wünschen verschließt man sich nicht, in: Weltwoche, Zürich, 15. Mai 1986, S. 20
181 Nikolaus Lobkowicz, Kultur – Christentum – Pluralismus: die Mobilisierung der Laien, in: C. Ortiz (Hrsg.), S. 356
182 Michael Meier, Wie Liechtensteins Akademie die geistige Weltkrise überwinden will, in: Tages-Anzeiger, Zürich, 21. März 1995, S. 61
183 Otto von Habsburg, Eine moderne Nachfolge Christi, in: Bayernkurier, München, 30. September 1979, S. 20
184 Manuel Kromer (N. d. C. 70), in: Peter Hertel, I Segreti dell' Opus Dei, Turin 1997, S. 161 f.
185 Franz Hengsbach, Befreiung durch Christus – wovon und wozu?, Köln 1973, S. 15. (Das Buch erschien im Adamas-Verlag, dem deutschsprachigen Verlag des Opus Dei.)
186 Die ersten Glückwünsche, in L'Osservatore Romano, Wochenausgabe in deutscher Sprache, Rom, 20. Oktober 1978, S. 12
187 Höffner, Inciarte, Lejeune: Die Herausforderung der Vierten Welt, Köln 1973 (Schriftenreihe des Lindenthal-Institutes)
188 Romana, Januar-Juni 1995
189 Romana, Januar-Juli 2000, S. 98
190 V. Felzmann/P. Hertel, S. 197
191 IAP, Ein Beitrag zur intellektuellen Erneuerung Europas und zur Überwindung der geistigen Weltkrise, Schaan, 1994, S. 10
192 Gaming: Auch ausländische Bischöfe machen mit, in: Kathpress, Wien, Tagesdienst Nr. 028, 5.2.1997
193 Romana, Juli-Dezember 1995, Nr. 21, S. 417
194 Gordon Urquhart, Conservative Catholic Influence in Europe, herausgegeben von »Catholics for a Free Choice«, Washington D. C., 1997, S. 8
195 Studi Cattolici, Rom, Juli 1994
196 Ebd.
197 Vgl. César Arias Quincot, La Modernización Autoritaria, Lima 1994
198 Ausführliche Darstellung in: Peter Hertel, Die »Maginot-Linie« des Opus Dei, Kirche intern, Wien, April 1997, S. 52 ff.
199 Peter Burghardt, Juan Luis Cipriani – Erzbischof von Ayacucho, in: Süddeutsche Zeitung, München, 2.1.1997, S. 4
200 Basilius Streithofen, Die Divisionen des Papstes – Vom Wertewandel in den Klöstern, Bonn 1988
201 Ebd., S. 14
202 Ders., Vorboten einer neuen Kirchenspaltung, in: Die neue Ordnung, Bonn, 2/1994, S. 141
203 Ders., Wie man die Kirche im Schlaf vernichtet, in: Die neue Ordnung, Bonn, 4/1991, S. 299-309
204 Ebd., S. 299
205 Hans Thomas, Pluralismus in der Kirche, in: Die neue Ordnung, Bonn, 1/1993, S. 21
206 Leo Kardinal Scheffczyk, Die Gnade in der Spiritualität von Josemaría Escrivá, in: C. Ortiz (Hrsg.), S. 65
207 Zum Themenbereich »Escrivá – Rechtfertigung und Gnade« vgl. ebd., S. 71-78
208 Il mistero el'operazione della grazia, Intervista con il cardinale Joseph Rat-

zinger, prefetto della Congrezione per la dottrina della fede di Gianni Cardinale, in: 30 Giorni, Rom, 6/1999, S. 12

209 Das Geheimnis und das Wirken der Gnade, Interview mit dem Präfekten der Kongregation für die Glaubenslehre, Kardinal Joseph Ratzinger. Von Gianni Cardinale, in: 30 Tage, Rom, 6-7/1999, S. 10

210 Scheffczyk kritisiert Ökumenepapier, in: Deutsche Tagespost, Würzburg, 2.9.1999, S. 6

211 Vgl. V. Felzmann/P. Hertel, S. 196 f.

212 J. Escrivá, Camino, Nr. 394

213 Konstantin Groß, »Opus Dei – das ist katholische Kirche pur«, in: Mannheimer Morgen, Rhein-Neckar, 8.5.1996, S. 28

214 Vgl. Crónica, August 1968 und Mai 1966

215 Ausführlich: P. Hertel, »Ich verspreche euch den Himmel«, S. 90-96

216 GF, Anm. 16

217 P. Berglar, S. 220

218 Gespräche mit Msgr. Escrivá de Balaguer, S. 11

219 Ebd. (s. Abschnitte 113-123)

220 Ebd., Abschnitt 22

221 Zum Beispiel Abschnitte 27, 44 und 46

222 Codex, 16.2

223 Eesti Ekspress, Tallinn, 11.12.1996, S. 3

224 Annuario Pontificio 2001, S. 913

225 Elisabeth von Waldstein, Gottes Wege – unsere Wege, in: dokumentation, Informationsbüros der Prälatur Opus Dei in Deutschland, Österreich und der Schweiz, Köln/Wien/Zürich, Dezember 1999

226 GF, 20

227 Crónica, August 1963

228 J. Escrivá, Leitartikel in Crónica, April 1964

229 Ders., Camino, Nr. 387

230 Martin Rhonheimer, Neuevangelisierung und politische Kultur (2) – Fundamentalismus, Integralismus und Opus Dei, in: Schweizerische Kirchenzeitung, 45/1994, S. 624

231 Rhonheimer zitiert hier Escrivá, Das Gottesgeschenk unserer Freiheit, in: Freunde Gottes, Nr. 37, Köln 1980

232 Als Beweis dafür, dass Escrivá auch an anderen Stellen und zu unterschiedlichen Zeiten von »heiligem Zwang« gesprochen hat, vgl. Crónica, Juni 1969

233 M. Rhonheimer, Neuevangelisierung und politische Kultur (2), a.a.O.

234 J. Escrivá, Camino, Nr. 399

235 Zitiert nach M. Rhonheimer, Neuevangelisierung und politische Kultur (2), a.a.O.

236 J. Escrivá, Freunde Gottes, 1. Aufl. Köln 1979, Nr. 37

237 J. Escrivá de Balaguer, Der Christ und die Achtung der Person und ihrer Freiheit, in: Schriften im Adamas-Verlag (10), Köln 1974, S. 27-41

238 Crónica, April 1971

239 Zum Beispiel: Im Feuer der Schmiede und Die Spur des Sämanns

240 Zum Beispiel merzt die deutsche Camino-Übersetzung seit der 3. Auflage den »blinden Gehorsam« aus. »Blind dem Vorgesetzten gehorchen – Weg der Heiligkeit« wurde umgewandelt in: »Den Vorgesetzten mit rückhaltlosem Vertrauen gehorchen – Weg der Heiligkeit.« (Der Weg, Nr. 941)

241 Vgl. P.Hertel, »Ich verspreche euch den Himmel«, S. 18

242 C. Ortiz (Hrsg), a.a.O.

243 V. Felzmann/P. Hertel, S. 202 ff.